我想和你好好的

在沟通中
改善亲密关系

舒丽 著

中国法制出版社

CHINA LEGAL PUBLISHING HOUSE

推荐序：在亲密关系里遇见更好的自己

可能很多女性都有这样的感觉：满怀憧憬地走入婚姻，原以为找到了一个为自己遮风挡雨的伴侣，没想到生活里最大的风雨竟然是婚姻带来的。提起婚姻，每个已婚女性都有倾吐不完的烦恼。爱情带来的甜蜜不足以抵挡生活里的鸡毛蒜皮，两个相爱的人为了长相厮守而结合之后，面临的最大问题始终是"如何相处"。不得不承认，婚姻真是一门高深的学问。

好的婚姻关系一定是悉心经营出来的。我们对待亲密关系的认识，以及对自我、对伴侣深层次的理解，都关乎着我们与人相处时的状态。本书的作者舒丽是一个很有经营意识的人，她亲历了婚姻生活里期待与现实的矛盾、索取与付出的矛盾，也深刻体验过如何从内心失衡的状态一路成长到从容平和。她在书中把自己在亲密关系磨合过程中的经验与教训毫无保留地分享出来，为我们揭开了很多共性问题的答案。

初识舒丽，只觉得她思想单纯，架不住太复杂的人际关系。她本人是高敏感特质，内心世界极其丰富，外界的任何一点风吹草动都能在她心中掀起一场暴风雨。与此同时，她在为人处世方面也过于认真，变通不足，必然会在人际交往中走不少弯路。所幸她对心理学有着浓厚的兴趣，夸路也便成了她学习成长的方式。她是个特别"轴"的人，无论是对待学习、工作还是生活，总是一根筋地想钻研透彻。比如读书，她从不会止步于了解书本理论，一定要在大量的生活实践验证的基础上才会接纳吸收，对心理学的研究更是如此。

这份执拗是令人敬佩的。她曾问过我一个问题："你有没有觉得我很笨？"当时我一惊，心里的肯定答复差点儿脱口而出。不过最终我还是没有正面回复她，只是问她为何这样想。她解释说，在遇到问题的时候，别人似乎都有一套自己的方法论，而她总是要摸索好久才能找到答案。

看到这本书的时候，我终于可以坦荡地回复她的问题了：没错！这就是真正的她——不会八面玲珑、没有所谓的"高情商"，她一直以略显笨拙的方式与这个世界打着交道，小心翼翼地探索着，验证着。也正是这样的她，琢磨出来的经营之道对普通人的参考意义才更大。

她没有天生解决问题的智慧，却不惧怕面对问题；她并没有遇上十全十美的爱人，但她有经营好一份感情的耐心。这样的"笨"恰恰是难得的人生智慧，让她在与生活的一次次交手中日益强大。

在本书中，你可以看到对婚姻没有安全感的珍妮、想要改造伴侣的小雨、在婆媳矛盾中对丈夫心寒的许诺……她们身上都有普通家庭女性的影子，就犹如我们邻家姐妹和我们自己，舒丽对问题的思考也一定会带给你很多启发。在亲密关系里，读懂伴侣种种不合理行为背后的合理动机，读懂隐藏在自己情绪背后的本质需求，是我们的必修课。最终我们会明白，好的婚姻不是遇见一个足够好的人，而是在日复一日的烟火生活里遇见更好的自己，给自己的心灵找到真正的归属。

　　愿你在亲密关系中认识更深层次的自我，最终找到与这个世界和平相处的方式。如此，这本书才算完成了它的使命。

青年作家　田青青

推荐序：一起走过风雨的人才有未来

我总觉得好像已经认识舒丽许久了，但仔细想来，短短两年而已，但她绝对是我很重要的一个朋友。虽然我没有时时刻刻与她保持交流，但一旦开始交流，总是停不下来。聊来聊去，除了文学就是生活。

说来神奇，我们的生命中有许多有交集的时刻，在某一个生命的时间点，好像都发生了同样的事情，等待我们一起去经历。比如，父亲生病要采用怎样的手术，是否要开启全职写作的人生选择……还好，在发生这些事情的同时，我们彼此陪伴，然后安然无恙地把悲伤、痛苦一并踏过去了。我用"踏"这个字，带着一些无畏、果敢。事实上，我和舒丽都很胆小，怕失去，怕辜负，所以对文字、对身边的人，敬畏心很重。

当你走进舒丽的文字，就会发现她的内心非常温柔、宁静，总能准确地捕捉到别人的情绪，让人信赖、舒服，这种特质是写作者特有的迷人特质。她的写作风格很稳，总能准确地捕捉到细微的风与角落。

还记得第一次与舒丽交流，收到她给我的留言，那么真诚，那么用心，便深深打动了我。我没有见过她的人，甚至没有深交过，但每次看她的文字，却很像失散多年的老朋友……我相信每个打开她的书，看到她文字的人，都会有这种感觉，那是一种娓娓道来，不刻意的美。

现实生活中，我们都需要这样一个朋友，她笔下的文字会让你豁然开朗，感同身受。

我一直以为写作者终身的任务是要写故事，故事迷人才是写作的核心。看完舒丽的文字，我喜欢她笔下的这些分析，这些故事、人物、细节、冲突，让我有一种代入感，让我明白，原来这个世界还有另一种方式。每个人的内心都可以被打开，都可以换一种角度来理解，释放或者是被原谅。

所有的事情都有许多解决的通道，但酷爱读书、酷爱写作与心理学的她，有自己理解的那条路要走。心理学与人的成长密不可分，能把事情从心理学的角度出发去释义，只有包容的人，有着辽阔的内心、独特的心境才能做到。这样的作者可遇不可求，遇见了，一定要在她的文字里坐一坐，才能懂她看到的风景甚好。

写作除了写故事、感受，还有日常、诗与远方，只有把这些融合好了，才会显现出自我独特的一面。在舒丽的笔下，这些都有呈现。我们写作者的任务，就是要这样去努力丰富笔端下的人与事，才能让生命中所有的回忆，沉淀下来，落入人海。

就在这个下午，我坐在上海最繁华的陆家嘴街道上的一家咖啡馆，看完她的新书最后一页。夕阳落下，已是黄昏。我敬重每一位写作者，尊重每一个文字，尊重每一位愿意敞开内心与他者交流的人。写作者要绝对真诚，才能调动情绪，才可与读者交流，令其遐想，深刻涌动。

我相信你们，也会带着好奇和敬重，听她把故事讲完，再分析日常心理给我们，让理解的人理解得更加深刻，让不理解的人开始爱与理解自己，而后顿悟。这种顿悟弥足珍贵，要知道我们来到这世间，不只是来看看太阳，还要走进人群之中，去感应到内心的暖流。而我执着地认为，内心的那种情绪的涌动才是活过的真切。不管处于何种境地，都要时刻感受内心，尊重内心，尊重自己的人生。

看舒丽的文字，无端怀念起自己的一些朋友，比如我的大学同学好好，十年来，她一直在拍我，记录我的成长与变化。我们约好每年见一次，每年拍一次，不知不觉居然拍了十年。十年有多短？几张照片仿佛就能说完。十年有多长？仿佛写尽我的一生，也无法诉说清楚。

偶尔，我们也会聊起曾经的同学，发现不自觉地，大家都成了有故事的人，在各自的烟火生活中隐入尘埃。可这些故事仿佛属于其他人，并不属于我记忆里的那些人，我还是更怀念彼此青涩的时刻，坐在校园的镜湖旁边，带着纯真的笑脸。即使一切经历地震，也不觉得慌张，反而一起在那个时刻，去畅想未来，去把酒当歌。如今再听彼此毕业后的故事，无限唏嘘、感慨、悲哀、怀念，当然，这些词都太单薄了，不足以来概括流转的心境。

我只能带着一路的风雨和生活的沉重感，对命运忽明忽暗的欢喜或忧郁，勇敢地往前走着。好想对那些走散的人说，我想和你好好的……因为我相信只有一起走过风雨的人，才会有故事、有记忆，人生才深刻，路也会辽阔。

看完这本书，我才懂得，我的朋友，曾经的情人，有过误解的匆匆过客，不管身在何处，我都期待你好好的，是否还会想起我不那么重要了。重要的是，我们一定要好好地走好自己的路，即使没有他人的陪伴，也可以走得坦坦荡荡，无所畏惧，心生欢喜。

有时也会想，如果我在特别年轻时，再多一些努力，再多走一些路，再豁达一些，会不会少一些遗憾。我不怕弯路，我怕不曾抵达，回忆空白。所以，往下的路，我要更认真、真诚、保持初心与天真，勇敢地走下去。与舒丽一起走，无畏地走下去。

　　遇见朋友、爱人、亲人，会生出许多温暖，我要和你好好的。如果眼前是风雨，就去面对风雨，如果眼前是阳光，我们就在光下拥抱一会儿。

　　如果你是疲惫的旅人，愿舒丽的文字是一缕清风，迎面而来。如果你也是写作者，愿她的故事是一杯酒，我们不醉不归。

青年作家　韦娜

自 序

亲爱的朋友，你好啊！感谢你能翻开这本书，读到我的文字。我相信，这场相遇是冥冥之中注定的缘分。希望你能喜欢我的文字，能够从我的文字中获得能量，收获成长。希望我的文字能够温暖每一个相遇的人。

写下这些文字时，我刚刚进入而立之年。我的文学梦在这一年得以实现，我真的很开心。这本书主要基于我和我老公王先生的感情经历以及其他朋友的情感故事所写，包含了我对两性心理的一些分析，希望能解决你的一些情感困惑。

我和我的老公王先生相识于 2010 年，那时我才 19 岁，刚刚上大学。我们相爱 6 年后走入婚姻，那时我 25 岁。如今，我们的孩子已经 2 岁了，我们也都进入而立之年。

我们从校园恋情走入婚姻这 12 年来，有过误解，有过冲突，有过快乐，也有过痛苦，更有过感情危机，差点就离开彼此。幸运的是，虽然我们这一路走得跌跌撞撞，但两人之间的感情越来越深厚，也更加笃定我们要相知相守一辈子。

我们现在既是彼此最好的朋友，最亲的家人，也是最懂彼此的爱人，最佳的婚姻合伙人。很多朋友都曾羡慕我们是真正的灵魂伴侣，琴瑟和谐，彼此扶持，共同成长。

可是，很多人却不知道，我们也经历了大部分伴侣都会经历的很长的争吵磨合期，哪怕现在，我们也时常争吵，矛盾重重。但每一次争吵，似乎都让我们更了解彼此，离彼此更近。

这是因为我们一直都在积极沟通，遇到任何问题都不会逃避，也不会相互埋怨。我们总是想方设法去深入交流，把心结打开，开诚布公地聊，聊到我们彼此都满意，所以才没有让矛盾越积越深。

沟通交流是建立亲密关系的基础。我和王先生的相爱离不开彼此相互表露，可以说，正是因为有了最初的自我表露，我才能一直以真实的自我与王先生交往，彼此都没有经历幻想破灭期。

其实，王先生不是我的初恋。在和王先生交往前，我还有过一段很短的恋情，我当时很爱很爱那个男孩子，总是想在他面前尽力展示自己最好的一面，从来不敢暴露自己脆弱不堪的那一面。

我经常猜想他应该会喜欢什么样的女孩子，然后刻意表现出那个样子。我很少主动表露自己真实的情绪和情感，爱得很克制，很小心翼翼，以至于都快失去了真实的自我。

这段无疾而终的初恋对我的影响很大，很长一段时间，我都在自我怀疑，活得很痛苦。也就是从这个时候开始，我对两性心理学特别感兴趣。我总是会想，为什么我的爱情会这样无疾而终？我爱的到底是他，还是我幻想出的他？真正爱一个人到底会有哪些表现？人这一生会爱上很多人，还是只会爱上一个人？爱情是唯一的吗？我应该怎样去爱一个人？

关于爱情，我有太多的疑问，当时却只能从书中找答案。于是，从进入大学开始，我就如饥似渴地去自学心理学，看的大部分书都与两性心理学有关。渐渐地，我明白了为什么我的初恋会这么仓促地结束了。

因为我在不对的时间爱上了一个不对的人，我是那么不成熟，而对方也有自己的路要走，无法和我一起成长，这样的感情又怎么长久得了？所以，在遇见王先生后，我经常和他聊很多深层次的问题，以确定这个人到底是否与我契合。

在他对我第一次表白时，我就坦诚地跟他说了我的择偶标准，希望未来的另一半是一个有上进心、责任心、正义感，并且有涵养的人。他说他本来就是这样的人，只是涵养还需要多加修炼。

在后来的考察中，我发现他确实具备这些特质，而这些特质是我最看重的，其他的都不那么重要。每个人都有自己的缺点，只要他的闪光点在，缺点是可以包容的。毕竟，没有完美的恋人，任何人都是不完美的。

不仅是最开始的坦诚沟通让我们能以真实的自我走入亲密关系，而且在日后的相处中，我们遇到问题，一般也不会让矛盾积攒到第二天。记得在大三那年，王先生突然跟我说，他觉得我并不需要他，他想暂时分开一段时间，看看我是不是还需要他。

我的第一反应是他是不是在找借口，想要离开我，他不爱我了。但我并没有生气，也没有耍脾气，而是很认真地跟他说："如果你这次和我分开，我不会再给你机会靠近我，如果你可以承担后果，真的不想和我在一起了，那就分开。如果你是觉得我不需要你才离开我，那你就实话跟我说，我哪些表现让你觉得我不需要你。"

于是，他很坦诚地细数了很多方面的表现，总而言之，就是我太过独立，太过优秀，让他觉得自己没有用武之地，让他觉得很受挫。

我听他说完，才发现自己一直以来存在的问题。

因为从小到大，我是家里的老大，很早就承担起照顾弟弟的责任，习惯了独立。甚至在和朋友的相处中，我也很少麻烦别人，凡是自己能做的事，就不会去寻求任何人的帮助。

我把这种独立带到了亲密关系中，殊不知一段长久的亲密关系一定是独立和依赖的相互平衡。太过独立，就没法建立深度的亲密关系。只有学会适度依赖，才能让亲密关系更进一步。

如果这次，我们没有开诚布公地深入交流，就很可能因为误解而分道扬镳。实际上，很多关系都是在误会中结束的。正因为我们积极沟通，我才知道了他的情感需求，他也了解了我的过往经历，之后，我们的关系更亲近了。

我们毕业后还经历了两年异地恋，很多人都说校园恋情很难走入婚姻，更别说还要经历两年异地恋了。但在异地的两年里，我们依旧每天都在交流，中午一通电话，晚上一个视频，互道了1000多个晚安，每一天都从未缺席，也总有着说不完的话。正是因为我们每天都在聊天，所以对彼此的生活和工作情况都了如指掌，对彼此的喜怒哀乐也了然于心，就像从未离开过彼此身边。

结束两年异地恋，走入婚姻后，我们也遇到过很多新问题。毕竟婚姻里总是充满一地鸡毛，问题也就接踵而至。比如，通过学习心理学，我发现我们对爱的需求不同，王先生需要的是身体的接触，也就是说，他需要我经常抱抱他、拍拍他，给他一些肢体接触，这样他才能感受到我对他的爱。

而我需要的是鼓励的话语。我需要他时常赞美我、鼓励我，我能从这些赞美的话语中感受到他对我的爱。在我们知道两人对爱的需求不同之前，我们会时常觉得对方不够爱自己，因为我们总是在以自己需要的方式去爱对方，而不是以对方需要我们的方式去爱他。在清晰地知道彼此对爱的不同需求后，就会爱得更轻松，也能进一步感受到彼此的爱意了。

在有了孩子的这两年里，我们的婚姻遇到了前所未有的挑战。可能由于初为人父母，夫妻关系之外突然又多了一层亲子关系，我们都需要时间去适应这一新角色。于是，我以书信的方式和王先生来了一场深入长谈，以下是这封信的内容。

亲爱的王先生：

今年，是我们相识的第 12 个年头，结婚第 6 年，马上就要迎来所谓的七年之痒。从校园恋情走入婚姻，很多人都曾羡慕我们纯真的爱情，羡慕我们幸福的婚姻。

如今，我们的孩子也两岁多了，马上就可以上幼儿园了。我们结婚 4 年才要孩子，这是我们计划好的，也做好了充足的准备，希望能给他最好的一切。

我们不再仅仅是夫妻，还是孩子的父母，这层关系的变化，说实话，我们刚开始都不太适应。毕竟第一次为人父母，谁也不知道能不能做好，所以我们经常一起讨论怎么能更好地养育孩子。

孩子的到来在给我们带来快乐的同时，也确实带来了很大的挑战。他是个高需求宝宝，需要我们付出更多的时间和精力。我们夜里轮流哄睡，他刚出生的那个月，尿不湿都是你给他换的，你给他洗脸、洗屁屁、洗澡，一切驾轻就熟。你一直喜欢孩子，尽管他很难带，你却一直对他充满耐心。

从出生到现在，无论他怎么闹腾，你从来没有发过脾气，甚至没有烦躁过。你总说他只是一个小宝宝，什么都不懂，你对他的那份宠爱，甚至让我都有点羡慕。那种父母对孩子无条件的爱，在你身上体现得淋漓尽致。

我却好像没办法一直保持耐心，我经常会因为他的高需求而崩溃，经常感觉力不从心，还会忍不住发脾气。你不能理解我为什么会这样，你觉得我自私，那是我们的孩子，我应该对他有足够的耐心，遇到问题就解决问题，而不是发脾气。

每次我发脾气，你都接受不了，甚至觉得我不可理喻，有点神经质。你害怕我发脾气会影响孩子的成长，因为这个，我们吵过很多次。我只是希望你能体谅我的辛苦，给我多一点理解和包容，而你似乎怎么也不理解我为什么会发脾气，每次都跟我讲道理，让我改变自己。

后来，我不再奢求你能理解，或许这就是男人和女人思维本质上的差异吧，你永远无法理解我作为妈妈的感受。这世上本就没有真正的感同身受，哪怕夫妻之间也做不到。

我只能努力去改变自己，毕竟除了这点分歧，我们在其他方面都很合拍，我不想因为这个影响我们之间的感情。你在努力做好一个父亲的角色，我不能太贪心，不能对你要求太多，因为我们都不完美，都需要不断成长。我期待自己，脾气能够好一点，不再那么急躁，多一点耐心，内心多一点柔软，期待我们的关系能够越来越融洽。

我一直觉得，在一个家庭里夫妻关系应该要高于亲子关系，只有父母相爱，相处和谐，才能给孩子最好的爱。你也认同这点，只是孩子刚刚到来，我们还不太会平衡好夫妻关系和亲子关系，都对孩子投入了太多关注，有点忽略了彼此。我希望，我们能够渐渐多关注彼此一点，多花点心思经营夫妻关系。

我们共同的目标，是希望这个家越来越好，孩子能够健康快乐成长，我们能够越来越幸福。你相信我能做到吗？我相信你，我对我们的感情一直很坚定，尽管我们有过很多次矛盾和争吵，但我从未想过要和你分开。我们彼此相爱，善良有品，只需要多交流沟通，多理解包容，我希望我们都能意识到这点，并不断努力做到。

不长不短的6年，我也算学到了不多不少的道理，其中最重要的是：争吵都是为了表达需要，婚姻里的每一滴苦涩，都来自没有被理解的需要。我们感情一直不错，但我们的个性和自我意识都很强，一次次的彻夜长谈，一次次解构和重建我们的沟通方式，才有了今天的我们。

一路走来，我们都不容易。我很珍惜我们之间的感情，珍惜我们在一起的美好时光。最后，我要谢谢你一直以来对我的包容，对我梦想的支持和鼓励，让我可以一直做真实的自己。

谢谢你对这个家的付出，我都看在眼里，记在心里。你是一个好父亲、好老公，我也在努力做一个好妈妈、好妻子。正所谓夫妻同心，其利断金。只要我们一起同心协力，未来一定会越来越好。

王先生看完这封信后很感动，他也对自己进行了反思。经过这一场深入沟通，我们对于彼此的新角色有了更深的认识，自我成长了很多，也达成了很多共识，有了更多经营婚姻的智慧。

也就是说，我们在亲密关系中总是会遇到重重障碍和种种问题，而大多数问题本质上都是沟通出现了问题，只要我们不放弃交流，积极主动沟通，总能找到问题的突破口，去解决一个个问题，让亲密关系不断进阶。

由于我这些年来一直深入研究两性心理学，所以我在写作上也一直深耕这个领域。我在很多心理类公众号上发表过多篇阅读数量在 10 万人次以上的爆文，是情感类公众号潘幸知、《婚姻与家庭》杂志、武志红等平台的签约作者，写过很多篇有一些影响力的情感文章。

我还有自己的自媒体平台，经常会收到很多读者的来信，他们和我讲述他们的情感故事，希望我能解决他们的感情困惑。因此，我接触了大量情感咨询案例，能够用自己的专业知识给他们分析感情问题，让我觉得很有成就感和价值感。我看到了太多人在感情中遇到的各种问题，也给了他们很多切实可行的建议。

我希望把在自己感情中遇到的一系列问题，以及在别人的感情中看到的一系列问题分享给更多人，因为很多人的问题其实都是相似的，我们总能从别人的经历中看到自己的影子。你会发现，你并不孤单，也不是异类，你所遇到的感情困惑，其他人都经历过。这些问题都是亲密关系中的共性问题，也都有相应的解决办法。

一段亲密关系，能够帮助我们看到自己未知的部分，让我们意识到自身存在的一些问题。所以说，亲密关系到最后，都是我们与自己的关系。无论是好的关系还是坏的关系，都能让我们实现自我成长。

在一段亲密关系中，不要害怕冲突，也不要去逃避沟通，每一次沟通哪怕是冲突，都是暴露彼此问题和了解彼此的契机。想要拥有一段长久幸福的亲密关系，沟通一定是终极密码。生活中没有一劳永逸的关系，所有亲密关系都需要我们用心经营和呵护，而沟通能让两颗心越来越近。可以说，经营亲密关系也是一条终身成长之路，需要我们不断学习和修炼自己。

愿你能在这本书中找到提升自己亲密关系质量的沟通密码，获得经营亲密关系的智慧，拥有一段幸福长久的亲密关系。

在此，我要特别感谢编辑陈晓冉老师，是她在茫茫人海中发现了我，给了我出书的机会，让我圆了自己的出书梦，她是我写作路上的伯乐和贵人。同时，我要感谢中国法制出版社帮我顺利出版了人生中的第一本书。

感谢为我写推荐序和推荐语的老师，包括田青青老师、韦娜老师、十二老师、晚情老师、李菁老师和闫晓雨老师。是田青青老师带我走上了写作这条路，在最开始的时候发现了我的写作慧根，给了我很多机会，让我尽情发挥自己的写作才华；韦娜老师已经出版了5本畅销书，她对写作的热爱让我动容，她经常鼓励我一定要坚持写下去；十二老师是我大学时代的榜样，我很早就阅读了她的畅销书《不畏将来，不念过去》，成了她忠实的读者，没想到居然也能得到她的推荐；晚情老师对人性的洞察，让我佩服；李菁老师是一个文艺女青年，也很有商业智慧；闫晓雨老师才26岁就出版了5本书，是一个非常优秀的"95后"，我和她很同频，也是好朋友。感谢她们对我的托举和支持，所有帮助过我的人，我都铭记于心。

感谢给我提供真实情感故事的朋友，是你们的故事丰富了我这本书的灵魂，给我带来了源源不断的写作灵感。从某种程度上来说，你们也是这本书的共建者，这本书同样属于你们。

最后，衷心感谢我的读者，因为特别的缘分，你我才会在这本书中相遇，实现同频共振。当你翻开这本书时，我的文字就成了我们彼此沟通最好的桥梁，我们之间就开始有了故事。如果你被我的文字温暖，一定要记得将这份温暖传递给你身边的朋友，向他们推荐此书，那将是对一个"素人"作者最大的鼓励和支持。

感恩所有的遇见，希望你能够开启一场美好的阅读之旅，在亲密关系中遇见更好的自己。如果你通过践行这本书所述的方法，改善了亲密关系，请一定告诉我，我的微信公众号是【遇见丽丽赫本】，你们的积极反馈就是我继续前行的最大动力。

目　录

1
PART

第一部分

沟通，是建立亲密关系的基础

你现在的伴侣，是你理想中的另一半吗？

大多数人在年轻的时候，总是会对未来的另一半充满幻想，心里也会有自己的一套择偶标准。但最终，我们可能会发现，自己的另一半并不符合当初自己理想中的标准。

我一直以来都是一个文艺女青年，青春年少时就曾幻想自己未来的另一半应该是高大帅气、儒雅博学的谦谦君子，就像电视剧《一生一世》中的周生辰那样完美。

等到长大有了基本的自我认知后，我的择偶标准就下降了点，毕竟我也没有女主角时宜那么美丽聪明、博学多才，又怎么能奢求拥有那么完美的另一半呢？人贵有自知之明，才能找到与自己真正匹配的另一半。

我现在的先生高大帅气能达标，但儒雅博学却差得很远，顶多只能算比一般人更爱看书罢了。和我差不多是半斤八两，也算"不是一家人不进一家门"吧。

心理学上有个"适配价值"的概念，也就是作为另一半的综合吸引力。这个综合吸引力可能包括：长相、性格、社会资源和经济条件，等等。我们在确定自己的择偶标准时，可能都会考虑这些因素，并且越是到了应该结婚的年龄，考虑的因素也会越现实。

　　我有一个朋友叫小娟，今年 32 岁，单身，相貌平平，是一家公司的会计，月薪 5000 元左右。她对另一半的要求非常高，要求对方年薪 50 万元起步，有车有房，长得要帅，性格要好。

　　其实，她的追求者一直都有，可她不是嫌人家长得不行，就是嫌人家工资太低，总而言之，就是离她的择偶标准太远，她压根儿看不上。她觉得，女人这一生最重要的投资就是婚姻，一定要嫁给一个优质男。

　　她的择偶态度本也无可厚非，每个女人都想嫁得好，这是人之常情。但是她忽略了一个很现实的问题：她想要一个高适配价值的男人，但她拿什么来吸引高适配价值男人？

　　"相互依赖理论"认为，人们就像购物那样在"人际商厦"里浏览所有人，寻找最合意的商品。每个人都在寻求以最小的代价获取能提供最大奖赏价值的人来交往，我们只会与那些能够提供足够利益的伴侣维持亲密关系。由于每个人都这样做，所以亲密关系中的另一方必须满足我们的利益才能让亲密关系维持下去。

　　相互依赖理论看起来可能很现实，可婚姻从本质上讲其实就是一场社会交换，我们都在和另一半交换各自的价值。明白了这一点，你就需要重新审视一下自己，你自身到底有什么优势和劣势，能吸引来具有什么样适配价值的伴侣？

　　如果你想吸引高适配价值的伴侣，可能需要自己先成为高适配价值的人。比如，你想吸引来一个高富帅，自己的长相肯定不能太差，至少得有自身的某种优势，无论是长得美还是气质佳，或者是聪明伶俐，成熟知性，等等。总之，伴侣能从你身上得到自己需要的奖赏价值，亲密关系才能得以建立。

拿朋友小娟来说，她的适配价值决定了她所在的圈子很难出现她想要的另一半。她如果对另一半有高标准，首先自己得对自己有点要求，不断追求自我成长，让自己变得更优秀，进入更优秀的圈子，才有更多的选择性。如果她止步不前，只局限在自己的小圈子里，就很难遇到心仪的另一半。

很多大龄女青年，排除那些真正的单身主义者，之所以未婚，其实都是在等那个高适配价值的人出现。只是有些人永远都只在原地空等，幻想着某一天与自己的白马王子不期而遇。而有些人则不断努力提升自己，不断激发自己的潜力，探索自身更多的可能性，不断成长，渐渐成长为自己期待中的样子，与期待中的伴侣在某一天棋逢对手，坠入爱河。

　　我的另一个朋友佳佳，就是这样一个不断追求自我成长的女孩。她现在是一个畅销书作家，有着自己的公众号和工作室，虽然长相普通，却气质优雅知性，思想独立。她之前也跟我说过她理想中的另一半是什么样子："不求大富大贵，至少努力、上进、有责任心；不求有多帅气，至少看得顺眼；不求有多博学多才，至少能接得上我抛出去的话。"

　　后来，她的另一半让所有人都美慕，不仅帅气多金，还气质儒雅，性格超好，标准的"暖男"一枚。而这都是靠她的自身魅力吸引来的。在佳佳没有成为足够优秀的自己时，她一直努力修炼，让自己足以配得上最好的一切。所谓你若盛开，清风自来，便是如此。

为什么到头来，很多人的伴侣不是自己理想中的另一半呢？一方面，自我认知不足，高估了自己，设立了过高的择偶标准，像小娟一样，自然很难找到匹配的另一半。另一方面，所谓理想中的另一半只是幻想出来的，可能并不适合自己，等到实际生活中遇到了一个自己喜欢的人，自然也就放下了那些标准。标准是在那个人出现之前设立的，等到遇见了让自己真正倾心的那个人，所谓的标准就变得没有那么重要了。

那么，如何才能尽可能找到理想中的另一半呢？

1. 建立清晰的自我认知

你首先得非常了解自己，对自己有清晰的认知。不要试图通过寻找另一半去弥补自身缺失的部分，那样很可能会以我们对感情的失望而告终。只有自我完整的人，才能找到完整的另一半。

你可以把自己的优缺点列在纸上，把与父母相处中出现的问题也都写下来，来一场深度的自我剖析。想一想自己可能存在的问题，接纳自己的不足，然后去不断完善自己。在足够了解自己的前提下，再去想想自己内心想要找的另一半是什么样的。只有足够了解自己，才能遇见那个对的人。

2. 找三观契合的另一半

无论你的择偶标准有哪些，一定要有一条，就是要找与自己三观契合的另一半。这一点在刚开始恋爱时，可能显得没那么重要，毕竟只要彼此有感觉、有激情，就有可能走到一起。但在以后的长期相处中，尤其是走入婚姻后，这一点是直接决定两人亲密关系能否稳定长久的关键因素。

在爱情中，如果三观不合，无论面临大事小事，都很容易起争执，越争执，矛盾越多，到最后感情就会越淡。三观不合是人与人之间最遥远的距离。不在同一个频道的两个人，无论怎么交流沟通，彼此都无法做到真正理解。

《红楼梦》中的贾宝玉与薛宝钗就是最好的例证。虽然两人结婚了，但最终还是以宝玉出家收场。因为宝钗和宝玉在本质上就不是一类人，宝钗是精通世故的世俗之人，而宝玉对一切功名利禄都不感兴趣，注定了他们无法走入彼此的心里。所以，即便最后宝玉娶了宝钗，但他们之间自始至终都有很大的距离，无法真正亲近对方。"纵然是齐眉举案，到底意难平"就是对三观不一致最恰到好处的诠释。

三观不一致的人，在一起时间越久就越会发现，很多问题是无法调和的，即使再多磨合，两人也会渐行渐远。一辈子很长，强融在一起的两个人是很难走到最后的。真正能长久的感情，一定是彼此默契十足，相处舒服。所以，一定要选择与自己三观一致的另一半。

3. 不断调整择偶标准

在充分了解自己后，你需要不断调整自己的择偶标准。因为人是在不断变化的，随着你不断成长，个人优势、劣势也会发生变化，自我认知水平也会改变。你需要隔一段时间便结合当前的现实情况，重新审视一下自己的择偶标准，使理想中的另一半更贴近现实。当然，你也可以一开始就设立高标准，然后通过不断努力提升自己，让自己足够配得上这个标准。

4. 尽可能放宽标准，让择偶标准有弹性

不要太固守所谓的标准，还要多用心体会爱的过程，以一颗真诚的心与人交往。不要因为标准而蹉跎了岁月，耽误了自己宝贵的青春年华，也错过了对的人。

另一半，是相似好还是互补好？

　　我和我先生都是内向者。在高考后的那年暑假，我加入了大学新生群，内向的我在网络上却一点也不内向，在群里很是活跃，积极发言聊天，显得幽默风趣。偶然一次，我和泉水（我先生的网名）同时在群里问了同一个问题，然后两人就聊开了，鬼使神差地互加了QQ。之后，我们天天私聊，共同话题有很多。这是之前与其他人很少有的，我一向喜欢与人进行深度交流。

　　我发现这个素未谋面的泉水也倾向于这种聊天形式，很少会进行表面的寒暄，竟有一种相见恨晚的感觉。通过和泉水的聊天，我感觉他应该也是一个内向的人。内向者的说话方式有自己的特点，与外向者差别很明显。

　　有研究表明，外向者喜欢确定、具体、简洁的语言。而内向者喜欢说一些复杂难懂、模棱两可、云山雾罩的话。内向者对这种说话模式应该并不陌生，他们倾向于内敛客观的表达，这是内向性格的本性流露，并不是刻意为之。

　　开学以后，我们并没有第一时间见面，依旧以网聊的方式保持联系。如果我们不是内向者，恐怕不会有这么大的定力和耐心，估计外向者早就见面聊得火热了。内向者一般都有点社交焦虑，尽量避免与陌生人面对面交谈。

我和泉水都觉得网聊更自在，没有做好见面的准备。所以，一切就顺其自然，怎么舒服怎么来。只是我们后来居然来了一场偶遇，因为他看过我网络上的照片，在篮球场上一眼认出了我。我记得我当时很羞涩，不敢看他，话不多，显得有点高冷，弄得彼此都有点局促不安。

还好在这之前，我们已经有了长达两个月的交流，对彼此也算有了初步的了解。否则，就我这态度，恐怕两人很难有进一步的发展。其实，内向者在交往初期，完全可以通过文字方式去交流，文字世界里的内向者可能是非常健谈的，也更容易让对方深入自己的内心世界，找到心灵相通的另一半。

我和泉水虽然后来也经常见面，却已经习惯了用文字交流，我们大多数思想的碰撞都发生在文字的交换中。见面的时候，我们反而倾向于一起去做一些事，比如一起上自习，骑单车或者爬山。文字的交流让我们的心越来越近，面对面的互动让我们在彼此面前越来越自在，渐渐表现出自己最真实的一面，感觉非常放松。

这样相处了三个月后，泉水向我表白。虽然在此过程中，我能感觉到他对我的心意，但是我们互不说破，一直以好朋友的身份相处。

我记得那是一个傍晚，泉水说有话对我说，我大概猜到了他要对我表白。我没想到的是，一句"我喜欢你"，他竟然憋了三个小时才说出来。从傍晚七点开始，他带着我在校园散步，一直说一些有的没的，就是不肯进入主题。到了晚上十点，我们走到女生宿舍了，他还是扭扭捏捏地不好意思，反复酝酿了好久，才低着头小声说了句："我喜欢你。"感觉这句话用了他所有的勇气才说出口。

内向者就是这么能憋，内心戏十足，却闷不吭声，不显山不露水。也只有同是内向者的我，才特别能理解他这种心路历程。我们往往对感情看得比谁都认真，越是深沉的感情反而以越冷漠的方式表现出来，我知道他是认真的。后来，我们就这样在一起了。

内向者对待感情很慢热，需要经历很长时间在内心发酵自己的情感，不轻易动情，一旦动情，那就是深情。我们在一起后的相处模式也很简单，因为不喜社交，所以多是二人世界的互相陪伴。

我们可以在图书馆待上一天，也不会觉得无聊，能有这样一个知心人陪伴在身边，我觉得既温暖又有力量，我不再是孤独地面对这个喧嚣的世界。就如同顾城说的："草在结它的种子，风在摇它的叶子，我们站着，不说话，就十分美好。"这是独属于内向者爱情里安静的美好。

经历了四年的校园恋情，两年的异地恋，我们顺其自然地走入了婚姻的殿堂。我和先生结婚以后，依旧过着异地分居的生活，但是我们彼此并没有感到不适应，不信任。我们自从确定了彼此作为另一半，从未怀疑过彼此的感情，就算遇到争吵、矛盾，我们也会积极沟通，而不是去否定对方。我们可以各干各的事，拥有独立的个人空间，也可以整天腻在一起，亲密无间。也只有在彼此面前，我们才是最放松的状态。

如今，我们已经有了一个两岁的宝宝，但还是会习惯经常性深入交流，只不过交流的话题又多了，会一起讨论宝宝的教育成长问题。由于我们都是 INFP 者（16 型人格中的调停者型人格），对于精神世界的沟通格外重视，当初相爱也是因为我们的精神世界能够共通，三观一致。我无法想象，如果我和一个无法进行精神交流的人在一起生活一辈子，会是怎样的煎熬。

无论我们一起经历了什么，外界发生了什么变化，我们始终都是彼此最好的朋友，是彼此的灵魂伴侣。我们内心有什么新的想法，第一个想到的人就是对方。我们能互相欣赏，支持对方的梦想，帮助对方成为更好的自己。也正因为如此，我们始终能够保持同频，一直走在自我探索的路上，共同成长。

许多研究发现，一个女性 INFP 者最有可能和自己的镜子影像结婚，也就是嫁给一个男性 INFP 者。同时，研究也指出，不管是男性或女性 INFP 者，最快乐的事就是和同一种恋爱类型的人结婚。男性 INFP 者与女性 INFP 者结婚，比起与其他任何一种人格类型者结婚，都会显现出最小的冲突。

我和先生都做过 MBTI（迈尔斯 – 布里格斯类型指标，是一种人格测试）爱情性格测试，我们同属于哲学家型人格。实际经验表明，我们结婚 6 年，相爱 12 年，在一起确实很和谐，也很容易理解彼此，沟通顺畅。

剑桥大学心理学教授布莱恩·利特尔在 TED（Techonology, Entertainment, Design 的缩写，即科技、娱乐、设计）演讲《性格迷思：你究竟是谁》中说道：外向型人的一个特点就是他们需要刺激。包括寻找好玩、有趣的东西，比如噪声、派对或 TED 等各种活动。相反地，内向型人更可能默默地待在安静的角落。

试想一下，在婚姻里，你有一个外向型伴侣，总是在外界找各种刺激，喜欢到处参加社交活动。而你却喜欢安静地宅在家里，你们又怎么能在同一个频道上拥有丰富的婚姻生活体验呢？相反，可能还会产生很多不可调和的矛盾。

很多人其实都问过我这个问题：我的另一半，到底是选相似的好，还是互补的好？从我和我先生的恋爱婚姻经历来看，相似伴侣之间的亲密关系会更稳定持久。

心理学家洛肯博士在《内向的力量》一书中写道：每对内外配伴侣其实都各自生活在自己的世界里，最晚要到初期的强烈迷恋过后，双方才会察觉到两个世界的不同。这两个不同的世界深受两个人的价值观、经验、天赋及人格特征的影响，其中自然也少不了内向与外向的作用。

此外，内外配伴侣间的差异也有可能让彼此倍感吃力。相异的步调、需求与想法不仅会造成严重的摩擦，更会导致关系的失衡。当内向者与外向者共同生活时，他们之间的矛盾可能会严重到对关系的存续造成威胁。内向的伴侣可能会觉得自己被操控、被忽视、不被谅解或受到压抑，外向的伴侣则可能会觉得自己的另一半柔弱、消极、唯唯诺诺、过于被动等，而这些指责会伤害对方的自尊。

更进一步讲，外向者会期待内向的另一半能提供更多刺激或更主动地参与社交，也可能会觉得另一半没有照顾到自己的感受，因为他们并没有从另一半那里获得足量的关心。相反地，内向的伴侣反倒觉得不必一直表示关心、表现主动，这样会比较自在。

心理学研究也表明，人们更喜欢跟与自己相似的人交往。人际吸引最基本的原则之一就是相像律：同性相吸（相类似的人彼此吸引对方）。遇见和自己相像的人通常令人心安，具有奖赏价值，发现他人与自己相像是一件令人快慰的事，因为这能提醒我们自己这样是没有问题的。

心理学家伯纳德·默斯坦的刺激—价值观—角色理论也认为，我们会从伴侣那里获得三种不同的信息，这些信息会影响亲密关系的发展。当伴侣第一次相遇，彼此的吸引力主要建立在刺激信息基础上，包括年龄、性别、长相等明显的外部特征。随后会进入价值观阶段，吸引力取决于彼此态度和信念的相似程度，人们开始了解彼此是否喜欢同样的电影和度假方式等。最后，"角色"的相容性才变得更重要，此时伴侣们最终发现他们在子女的养育方式、事业、居家等基本的生活要务上是否一致。

有时重大差异可能在婚后才得以体现出来。比如，对于居住在什么地方，是否生养子女，生养几个存在根本分歧，这些分歧往往是婚姻里的主要矛盾，也对婚姻生活是否和谐幸福具有重大影响。所以，越是各方面相似的伴侣，分歧就会越少。

相似的人能真正理解彼此，产生共情。很多人终其一生，不过是在不断寻求自我认同感，相似的伴侣可以在往后余生里互相解读彼此存在的意义，拥有最深的默契，经营一段长久稳定的婚姻关系。

那么，怎样才能找到与自己相似的另一半呢？

1. 可以加入一些线上平台的兴趣小组

比如，你可以加入豆瓣小组，经常在上面交流；或者根据自己的兴趣加入一些兴趣群，如加入 MBTI 社群会让很多相似人格特质的人聚在一起。这些线上交流都有可能让你遇见与自己价值观相投、兴趣相投的人。

2. 可以参加一些感兴趣的线下活动

比如，你可以参加登山活动、读书活动、旅行活动等，既然大家都喜欢这样的活动，可能就存在某些共同点，你在活动中就很有可能邂逅相似的另一半。

3. 在朋友圈里发展恋爱对象

你的同学、同事里可能会有和你具有相似性格、价值观的人，你们朝夕相处过，相互了解，有着深厚的友谊，可以尝试发展成恋爱关系。

总之，要多与人交流沟通，不能太过封闭自己，才有更多机会遇见相似的人，毕竟天上不会掉下一个正好与你情投意合的另一半，相似的人都是在沟通中碰撞出来的。

靠互补的伴侣疗愈自我，并不靠谱

从心理学上分析来看，相似的人更容易互相吸引，但为什么在生活中，我们会发现有些人更容易被互补的人吸引呢？这同样也是有心理学依据的。因为与我们互补的人身上通常具有我们所缺失的部分，我们渴望通过对方来弥补自己的不足，满足自己内心深处的某些需求。

我有过一段感情，对方是一个很爱冒险、很有闯劲的男孩子，他幽默风趣，不走寻常路，很会交际，八面玲珑。我当初喜欢上他，也正是被他身上那股放荡不羁爱自由的劲儿吸引，我觉得似乎没有他办不到的事，他善于变通，总能把一切玩转得风生水起。

而我从小到大是一个安于本分的乖乖女。父母也都是本分人，我按照父母给我框定的道路上学、工作。父母一直对我要求严格，我又是家中长姐，很早就承担起了照顾父母和弟弟的责任。就连高考填报志愿，我也是选择了家人都看好的会计专业，他们认为女孩子学会计好找工作，又很稳定，以后嫁人也是优势。大学也是选择省内的学校以方便随时回家。可以说，从小到大，我的生活都是顺风顺水的，没有什么波澜。因为我一直都在选择那条平稳的路，向前行走。

但是，我有时候是不甘于如此平凡的，我也向往着枝繁叶茂、新鲜缤纷的生活，总想挣脱生活的枷锁，爆破一些平凡平庸、无聊无趣的生活因子。而他的出现，就像是给我平淡的生活投来一束闪亮的光，让我看到了另一种生活的可能性。

我渴望他能带我一起走向更广阔精彩的天地，带我一起冒险，体验人生的更多可能性。我欣赏他与人相处时的驾轻就熟，总是能赢得别人的欢心。而我性格内向，不善社交，与人相处总是显得笨拙、格格不入。

我看到的全是他的优点，并为此着迷，甚至幻想着他就是我命中注定的完美爱人，完美地弥补了我身上所缺失的部分，我们注定就是天造地设的一对，将来要是在一起，相互补充，定能所向披靡。

但这一切只是所有处在甜蜜期的情侣对另一半的想象。实际上，你在另一半身上越是想索取什么，就越容易失去什么。我以为我可以依靠他来弥补我所缺失的部分，就能拥有完美幸福的爱情。但是我根本做不到和他一起冒险，走他想要选择的路，也没法做到和他一起干一些比较刺激、超出我的安全感范围的事，我没办法做一个不计后果的酷女孩。我骨子里对安稳生活的依赖，决定了我希望他能给我承诺，给我一个肯定的答案，我无法忍受患得患失的感情和生活。

而他身上不安分的因子也决定了他很难给我明确的承诺，甚至都不曾向外界透露过我们的恋人关系。我内心深知，他虽然喜欢我，却没想过和我有未来。他只是享受当下的这种若即若离的暧昧关系，毕竟我们都是彼此青春里的初恋，初恋的感觉总是很美好的。尽管我知道，我们可能没有未来，但依旧抱有侥幸心理，希望他能看见我的好，好好珍惜我。

和他在一起的日子里，我尽可能装出很酷的样子，好像不在乎最后的结果，只投入当下的关系，尽情去爱就好。但我内心是极其缺乏安全感的，他不回复我消息时，我会想着他是不是又在和别的女孩聊天；他对我不理不睬时，我也会想着他是不是厌烦我了。我一边期待着能和他一起面对未知新鲜的生活，一边又担心他突然哪一天就离我而去，我又回归到自己平淡如水的生活。明知道两个人并不合适，我却总是贪恋着他所带来的新鲜感。

后来，我们的关系果然还是无疾而终。他说："你很好，我不想耽误你。我们注定是属于两个世界的人，你是平行世界里的另一个我，那个世界岁月静好，现世安稳。而我要选择一条截然相反的路，我这辈子绝不甘于平凡，在这条路上会布满荆棘，我不想让你和我一起承担这份风险。所以，我们只能是两条平行线，无法相交。"我很感谢他最后能和我如此坦诚。

有时候，我也会自欺欺人地想："你又怎知我甘于平凡，不愿意和你一起承担风险，你什么都没尝试，就轻易把我推开，替我作出决定，是不是太不尊重我了？"其实，我又何尝不知道他说的是事实呢？只是内心不愿意承认罢了。

在这段关系中，我一直都在企图通过他改变自己当下的生活，我不甘平庸，希望他能带着我冲破生活的枷锁。殊不知，这种不合理的期待，正是反映了我内心的缺失，我自己没有勇气改变自己，改变生活，也没有足够的内在动机去突破自己。想要依靠他人填补自己缺失的部分，终究只是妄想。

通过这段感情，我真正意识到这点，仿佛一下子从迷雾中清醒过来，实现了顿悟。所有的亲密关系，到最后其实都是面对真实的自己，是与自己的关系。无论是好的亲密关系还是坏的亲密关系，你都能透过它看清自己本身的不足和缺陷，看清自己真正的情感需求，能对自己拥有更加客观、理性的认知，给自己一个进行自我反思和重塑自我的机会。当创伤被激发的时候，你才有可能疗愈自己内心的伤口，找到完整的自我。

于是，我明白了，如果我不甘于平庸，只能依靠自己变得强大起来，任何人都不能代替我成长。想要通过爱情关系依附于他人，更是靠不住的。我开始拾起我多年的爱好，埋头于读书写作中，通过文字来治愈自己，丰富自己的精神世界。

我读了大量心理学类的书籍和经典文学作品，了解了很多心理学理论，对自己进行了深度剖析，重建自己的认知，同时也写出了十万多字的小说，在写作中疗愈自己。被文字彻底洗礼后，我像是获得了重生，内心也一点点强大起来，变得更加自信和洒脱。

我终于通过读书写作改变了自己，找到了摆脱平庸生活的路。在写作的道路上，我遇到了很多志同道合的朋友，也遇到了很多有趣的人。我的生活一下子变得丰富精彩起来，未来也充满了无限可能性。

我的文字被越来越多的读者看见，并获得了很多读者的认可，给他们带去能量，我突然感受到了前所未有的价值感和成就感，在一点点靠近理想中的自己和期待中的生活。

我不再想着依靠别人带我走出困境，追求新鲜刺激的生活。因为我已经依靠自己走出了内心的困境，当下的生活已经让我很满意了，既能岁月静好，又充满无限挑战性，能够让我一次次突破自己，激发出自己的内在潜力。

这一切的变化都是基于我的内在动机。心理学家爱德华·伯克利在《动机心理学》一书中写道："内在动机是因为你喜欢这件事本身而去做这件事，它会导致很多积极的结果，激发出创造力、活力、自尊和幸福感。"由此，我喜欢上了现在的自己，并对未来充满希望。

后来，我遇见了现在的先生，而他正是被我的才气和自信所吸引。他喜欢听我聊读书和写作，他说，我说话很有趣，看我侃侃而谈的样子，眼睛里充满了光芒，整个人也像是发着光一样，散发着很吸引人的气质，让人忍不住靠近，想一探究竟。

我以一个相对完整的自我与我先生走进了婚姻关系。我从未想过从他身上索取些什么，来弥补我的不足。我选择和他在一起，仅仅是因为他和我很相似，他让我觉得很安心踏实，我觉得我们可以一起成长，共同面对未来的风风雨雨。我们的关系也因此非常自由放松，彼此滋养。

我之前看过由亦舒小说改编的电视剧《流金岁月》，剧中的朱锁锁从小被妈妈抛弃，爸爸又常年不在身边，她被寄养在舅舅家。自小内心缺失父爱的她，在遇见大她很多的叶谨言后迅速地爱上了他。

叶谨言给她买小龙虾，处处关心她。得知她被对手为难，深夜一个人驾车4小时赶去救她。这让朱锁锁感受到了久违的父爱，让她以为这就是真爱。但其实，朱锁锁与叶谨言的女儿同年同月同日生，朱锁锁让他想起了已故的女儿，把对女儿的爱投射到朱锁锁身上。

叶谨言很明白这点，所以尽管朱锁锁多次向他表明爱意，他都拒绝了。一个是"父爱"的投射，一个是"女儿情"的投射，都是通过对方弥补内心长久以来缺失的部分。但实际上，这样互补的"爱情"并不可靠，毕竟你不能永远依附另一个人而活。因此，他们的爱情终究是无疾而终，朱锁锁还是嫁给了别人。

心理学上有个"内心小孩"的概念，指的是隐藏在我们心中，总是不断追溯到童年某种相处模式的人格部分。朱锁锁爱上叶谨言，其实就是自己的内心小孩跑出来了，想要靠对方治愈自己内心的创伤。

大多数人都喜欢在伴侣身上寻找自己缺失的东西。比如，童年生活缺乏亲密感的人，常常被亲密感强的人所吸引。而童年缺乏独立性的人，往往会爱上独立性强的人。我们都在寻找自己"更好的另一半"，但实际上，对方身上不一定有我们真正想要的东西，他们只是像一面镜子，反映出我们缺少的部分。

想要靠伴侣来治愈自己内心的创伤，不是根本的解决办法。你必须依靠自己的力量去治愈"内心小孩"，真正实现自我成长。只有拥有一个健康的"内心小孩"，你才能与另一半建立健康的亲密关系模式。

不要再去想着依靠一个互补的伴侣，来改变你的生活了。你所缺失的东西，只能靠你自己补回来。

如何让另一半，成为你的灵魂伴侣？

我接触过大量未婚青年案例，发现了一个很普遍的现象，很多人对灵魂伴侣有种执念，他们认为真爱是唯一的，灵魂伴侣才是天造地设的另一半。如果此生能遇到真爱，婚姻生活注定是幸福美满的，不会出现任何矛盾，真爱能克服一切障碍。

其实这种对灵魂伴侣的执念，属于一种宿命信念。人们会带着对人际关系的固有信念步入亲密关系，也就是他们心里一直存在着某种关系信念。在关系信念的研究中，有心理学家把关系信念分为宿命信念和成长信念。

演说家罗兰·米勒在《亲密关系》一书中写道，持有宿命信念的人会相信以下 6 种观点：

· 争吵具有破坏性。争吵就表明伴侣爱自己不够深。

· "读心术"很重要。真正彼此关爱的伴侣仅凭直觉就能知道对方的需要和偏好，根本不需要告知对方自己的所思所想。如果必须告诉伴侣自己的想法和愿望，那只能说明伴侣爱自己不够深。

· 伴侣是不会发生任何变化的。一旦亲密关系变糟，就无法得到改善。如果爱人曾伤害过你，毫无疑问他会一而再，再而三地伤害你。

·每一次性生活都应该是完美的。只要爱情是忠贞的，每一次的性生活都应该是神奇美妙、令人满足的。

·男人和女人就是不一样的。男人和女人的性格和需要非常不同，很难真正理解对方。

·美好姻缘天注定。根本无须努力来维护美满的夫妻关系。夫妻要么彼此脾性相投、快乐到老，要么格格不入、争执一生。

　　我的朋友蓉蓉就持有这样一种宿命信念。她今年33岁了，依旧对找到灵魂伴侣抱有很大的幻想。她觉得当这个命中注定的人出现时，她一定能感受到。虽然相亲了不少男人，也谈过几段恋爱，但她都觉得他们不是自己命中注定的那个人。在恋爱时，只要两个人开始出现摩擦或者争执，她就会怀疑眼前这个人不是对的人，开始否定这段感情。

　　在她看来，和自己的灵魂伴侣在一起，生活一定是非常和谐的，她觉得灵魂伴侣意味着他会懂她的内心世界，懂她的喜怒哀乐，时刻都能知道她在想什么，需要什么，和她有相同的价值观和兴趣爱好，两人对人对事的看法都该是一致的。他们的爱情应该是完美的，又怎么会出现冲突呢？如果出现冲突，只能说明他不够爱自己，真正相爱的两个人不会发生任何争执。所以，蓉蓉谈过的几段恋情时间都很短，因为只要发生争执，蓉蓉就会否定对方，觉得对方不是对的人，于是选择结束关系。

很多研究都证实了这样的宿命信念是不切实际的，这种信念会导致对亲密关系充满困扰和不满。持有这种错误观念的人在遇到争吵或者其他问题时，并不会采取建设性的行动来改善亲密关系。由于相信伴侣是不会改变的、真爱是上天注定的，持有宿命信念的人在遇到问题时只会逃避，而不是想着怎么去解决问题。他们只会否定眼前的人，倾向于结束这段关系，而不是努力去修复改善关系。就像蓉蓉一样，只要对方做出不符合她对于灵魂伴侣期待的事，她就会轻易否定对方，无法持续用心去经营一段长久的亲密关系。

社会心理学家斯派克·李与诺伯特·施瓦兹通过调查发现，坚信自己的灵魂伴侣是完美的另一半，会导致伴侣双方走向不健康的恋爱模式，并且当一方用完美的眼光看待灵魂伴侣时，往往会导致他们对冲突反应过激，降低对关系的满意度。

带着这种信念进入亲密关系的人会觉得亲密关系应该是一成不变的，如果他们一开始时便相爱和谐，就应该一辈子都是如此。他们会始终以"应不应该"的视角看待问题。

这就好像是童话故事一样，所有的童话故事都会以这样的方式结尾："从此，王子和公主过上了幸福美满的生活。"但现实生活不是童话世界，没有哪个人可以和你完美匹配，也没有哪一段亲密关系是永远充满幸福浪漫的，总会有各种各样的问题需要你解决。所谓的灵魂伴侣，也需要你去创造。

那么什么才是真正的灵魂伴侣呢？你又该如何知道另一半是不是自己的灵魂伴侣呢？《一生的亲密关系》一书中提到，"美满婚姻"的国际社团主任黛安·索莉的著作《家庭与夫妻教育》一书中写过："很多人认为他们只有找到自己的灵魂伴侣，才能拥有美好的婚姻。其实，你遇到的每一个人都已经拥有了灵魂伴侣，包括他们的母亲，他们的父亲，他们一生的朋友，在20余年的婚姻生活里，你沐浴在爱情中，养育了几个孩子，迎接了一系列的挑战，最终你亲手创造了灵魂伴侣的身份。"

她这段关于灵魂伴侣的描述，其实是一种成长信念，也是对灵魂伴侣最好的解释。成长信念认为，幸福的亲密关系是努力维护的结果。根据成长信念，幸福的关系是努力和付出的回报，如果伴侣一起努力战胜挑战，克服困难，良性的亲密关系就能逐渐建立起来。

也就是说，灵魂伴侣并不是天注定的，并不是只要遇到了灵魂伴侣，你的婚姻生活就可以一劳永逸了。相反，灵魂伴侣需要靠你自己的努力去创造，需要你在漫漫的婚姻生活中努力维护经营，才能让你们之间的亲密关系幸福而持久。

这个观点刚好反驳了那些认为灵魂伴侣是上天注定的观点，并不是遇到了灵魂伴侣就能幸福，而是一起努力创造幸福生活后，才能得到你的灵魂伴侣。灵魂伴侣是一个你愿意和他走入婚姻的同路人。在你们的一路相伴中，他会成为你这一生的灵魂伴侣。抱着这样的成长信念走入婚姻，可以让人们保持忠诚，摆脱未知的焦虑，让你不会再纠结于当下这个人到底是不是你的灵魂伴侣。

只有这样，你们才能在遇到问题和矛盾时积极面对，通过不断解决问题、克服困难，更加深入了解彼此，共同成长，进而不断完善你们的关系，让你们之间的亲密关系不断进阶，两人越来越离不开彼此，成为彼此生命中不可或缺的一部分，精神同频、灵魂共振，最终达到所谓互为灵魂伴侣的境界。

这让我想到了钱理群老师和崔可忻老师的故事。我曾看过《十三邀》关于钱理群的访谈。钱老谈到，夫人崔可忻在某一天忽然提出，要编一本《崔可忻纪念集》。钱老说："我一听就明白了，她要留下一个独立自主的崔可忻的存在，而不是钱夫人。"

于是，他组织编辑小组，从组稿到编辑以及联系出版，不到20天就基本完成。"别人都说你夫人对你多好多好，我不大愿意这么讲，过分强调这部分就忽略了她本身的独立性。她是个内心力量极强的人，她有很强的事业心。我们晚年也有一些矛盾，她有自己内心的痛苦，住进泰康之家燕园以后，她没有了用武之地，生命的存在变成协助支持我的工作，所以她最恨别人称她'钱夫人'，我怎么就是钱夫人了，我是崔可忻，我是崔大夫！"

钱老这样讲述着，每句话都透露出对崔老内心渴望的理解，和对她独立个性及追求生命价值的欣赏。他还说，这5年他出了5本书300多万字，平均一年写60万字。他俩把生死想透了，也聊透了，一切坦然、淡然，我写我的文章，她唱她的歌。崔可忻去世时，钱老甚至都没有流泪，好像知道这一天迟早要来，他们都做足了充分的心理准备。

从钱老谈论夫人崔可忻的过程中，我能够深切地感受到他们之间的爱有多深，他们真正达到了一种精神和灵魂上同频共振的境界，崔可忻想要表达的东西，钱理群都能体会且补充得更加完美。钱老如此了解崔可忻，崔可忻又何尝不是这样了解钱老呢？

据钱老的学生说，崔老师是钱老师生活中那个绝不能缺席的人，是他与现实的连接点和调节阀，她身兼管家、大厨、秘书、保洁员、私人医生、钢琴师、理财师、采购员、机械电器修理工、

IT 技术员……因为钱老除了读书写作，其他什么都不会，所以崔老师必须无所不能。

　　每一项最新出现的现代生活技能，崔老师都认真学习，一步都没落下，除因超龄无法取得驾照，任何方面都不输给年轻人，甚至在 80 岁时她还能网购大型家具并自己组装。

可见，他们早已成为彼此生命里不可或缺的一部分了，在相互理解和体贴中一路相知相惜、相依相伴，有了抵达内心深处的默契和共鸣。他们是彼此真正的灵魂伴侣，而这是由他们共同经历了 60 多年的岁月亲手创造出来的。

　　所以，不要再去纠结你的另一半是不是你的灵魂伴侣了，既然你们结婚了，成为婚姻中的同路人，你就可以通过自己的努力使他变成你的灵魂伴侣。你可以通过以下几种方法获得更理想的婚姻状态。

1. 带着成长信念看待你的婚姻

　　把婚姻看成一个动态的过程，无论你们现在面临什么样的问题，都要积极地面对它，不要逃避，通过分析问题背后的原因，积极沟通，觉察你们自身可能存在的缺陷和不足，然后去不断改善自己，完善你们的亲密关系。每个人都不会是一成不变的，婚姻也不会是一成不变的，带着成长信念看待婚姻，你们都会随着婚姻不断成长。

2. 警惕完美主义，学会包容

　　没有人是完美的，大家都有自己的缺点和局限性。比如，钱老只会写文，其他什么都不会。崔可忻要独自应付生活的各种琐碎，还有自己的工作，这不是一般女人可以做到的。可能有些女人会觉得，这样的男人让自己太累，毕竟很多女人都希望另一半可以依靠，不用什么事都需要自己操心。而崔可忻却这样操心了一辈子。如果没有一颗足够包容的心，懂得欣赏钱老的优点，很难做到一辈子毫无怨言。钱老当然也很感谢崔可忻一路对自己的支持，也同样欣赏她，把她当作生命中最重要的人。他们或许都不完美，但却懂得互相包容，相互扶持，最终成了彼此生命中完美的另一半。因此，不要用完美主义视角去看待另一半，要学会包容和理解，接纳彼此的不完美，共同努力接近更美好的生活状态。

3. 保持同频，各自成长

钱老在文学上取得了很大成就，崔可忻也一样优秀，她在医学领域取得了出色的成绩，也喜欢读书和写作。她并不甘心只是成为钱老的附属品，而是努力实现自己的个人价值，活出最好的自己。所以，他们才能一直以来保持深度交流，进行思想的碰撞，聊生命中各种深刻的话题。

心理学家约翰·戈特曼在《爱的博弈》一书中说道："当夫妻中的一个人表达出连接的需要时，另一个人的反应可以是拉开门走过去，也可以是关上门转身离开。这是两个人关系走向地狱还是天堂的决定性时刻。"

只有保持同频，各自成长，亲密关系双方的精神世界才能始终保持高度连接，才能互相回应，给予彼此更多的能量，从而催生出你想要的灵魂伴侣。

4. 经常性深度交流

钱老在访谈里也说，他经常和夫人崔可忻聊一些很深刻的话题，甚至把生死都聊透了。很多人走入婚姻后，反而和自己的伴侣没有恋爱时那么能聊了，更多时候聊的仅局限于柴米油盐这些家常琐事，不能深入彼此的内心世界。

其实，你们可以多聊聊彼此内心的深度渴望、梦想、孤独和绝望的时刻、快乐和幸福的时刻、对某些事的看法，等等，真诚地表露自我，展示自己真实的内心世界。只有多聊一些涉及内心世界的话题，对彼此的了解才能更深入，两颗心才能走得更近。

那些过得幸福的夫妻，并不是因为一开始就找到了灵魂伴侣，他们也经历过冲突和黑暗，但他们一直在学习爱与被爱，用心经营，互相成全，在婚姻这座修炼场共修，最终成为彼此的灵魂伴侣。

做真实的自己，才能得到真爱

我有过两段感情，第一段感情是我的初恋。我和初恋是在高考后的那个暑假在一起的。

我们在初中时是很好的朋友，彼此很聊得来，也很有默契。但是我们高中没能在同一所学校，高考后，我们才重逢，彼此沉淀在心底三年的思念在相遇的那一刻爆发，我们很自然地坠入了爱河。

他聪明、幽默，情商很高，学习成绩一直比我好，考上了一所985院校，而我只考上了一所二本院校。这让我从骨子里感到自卑，觉得自己配不上他，他以后会有很好的前程，我不确定他对我的喜欢会持续多久。

和他在一起后，我经常患得患失，总是努力在他面前表现出自己最好的一面，小心翼翼地不敢流露出自己真实的情绪，即使有时候我很不开心，也会假装很开心，生怕自己让他烦。

我会在脑海里搜索一切与他相关的事，想着聊什么才是他感兴趣的话题，总是不断迎合他的需求。尽管我不喜欢网吧这个地方，但只要他要我陪着他打游戏，我就不会拒绝。只要能和他待在一起，我就很满足，哪怕他一直在打游戏，都不怎么理我，我只要能默默地看着他就够了。

尽管我如此迁就他，我们最终还是分手了，都没能撑过那个暑假，这段短短的初恋就无疾而终了。甚至就连分手时，我都没在他面前哭，只是笑着和他说了再见，就如每次离开时那样潇洒，假装自己不在乎。

回到家后，我把自己关在房间里大哭了一场，心真的很痛很痛。我是一个那么骄傲的人，却因为爱他，把自己低到了尘埃里，一直努力维持自己最美好的样子，都丢了真实的自己，可到头来不过是一场空欢喜，我以为的真爱，不过是自己的一场梦。

后来，我对这段感情进行了反思。一个没有了自我的人又怎么能得到真爱呢？当我因为爱他，去努力伪装自己，伪装成自己想象中他会喜欢的样子时，我就已经输了，我忘了自己，没有了自我。我觉得他喜欢的可能是我刻意表现出的样子，而不是我真实的样子，而且在我努力伪装的时候，我失去了真实自我的魅力。我觉得他可能不会喜欢真实的我，其实是我不够自信，导致我在他面前很卑微，渐渐失去了吸引力。

如果你在亲密关系中不敢表现真实的自己，说明你不够爱自己。如果你不够爱自己，别人又怎么会爱你呢？在你努力伪装自己时，其实对于自己也是一种内耗，在这段关系里，你会越来越累，对方也会察觉到这种情绪，也会觉得很累。久而久之，你们的关系对彼此都是一种负累，便不再有激情和活力，亲密关系的断裂只是时间问题。

后来，上了大学，我遇到了现在的先生，我们之前在网上聊了很久，对彼此已经有了初步的了解。两人见面后，感觉像是久违的朋友一样亲切。我会主动和他聊我喜欢看的书，喜欢的作家，聊得最多的就是《红楼梦》这本书，多数时候，都是我在说，他在听。

我会畅所欲言，想说什么就说什么，不用考虑他是否爱听。我也经常想做什么就做什么，随意地表露自己的情绪，不用考虑他喜不喜欢，在不在意，感觉非常自在，像是一个彻底释放自我的小精灵。

和他在一起，我是一个舒展开的真实的自己。而他也正是被这样一个有血有肉、真实的我深深吸引。在这段关系里，我选择主动去展示真实的自己，不再去隐藏自己，不再刻意表现自己最好的一面。我喜欢他的某个优点，对他有什么需求，也会直接说出来。

有一次，我的前男友在他的空间留言："好好爱她，值得的。"他回复："我一定会的，不是因为值得，只是因为我爱她。"在那一刻，我的眼睛湿润了，这不正是我想要的爱情吗？一个人爱上另一个人，不论值不值得，就只是爱她这个人，不掺杂任何其他功利的因素，只是纯粹的爱。爱本就是简单的，简单到只是一种感受，一种体验。正是因为你是你，所以我爱你。

心理学上有个"自我表露"的理论，它是衡量两个人亲密程度的指标之一。如果两个人之间不能互相自我表露，他们的关系就很难达到亲密。当我们对他人敞开心扉时，我们希望自己的表露能引起他人明显的兴趣和尊重。也就是说，我们希望他人表现出应答性，来证明他们理解和关心我们。如果对方积极应答，就能建立互信，表露会加深，亲密感也会增加；反之，如果对方看起来漠不关心或者心不在焉，我们就会向后退缩，表露就会减少。

人本主义心理学家朱拉德认为，这种"扔掉我们的面具，真实地表现自己"恰恰是培植爱情的方式。他认为对他人敞开自我，同时将他人的自我表露当作对自己的信任，可以使人们之间的交往更加愉快。

心理学家阿伦等人指出爱情的精髓是，两个人的自我相互联系，相互倾诉，从而相互认同；两个人的自我各保持其个性，但又共享很多活动，为彼此相同之处感到愉悦，并且相互支持。很多浪漫的伴侣最终都形成了"自我—他人整合"，也就是重叠的自我概念。

阿伦夫妇和他们的同事进行了这方面的研究，他们把互不相识的人分为两两一组，让他们共处 45 分钟。在最初的 15 分钟里，实验人员让被试交流一些低亲密性的话题和想法，比如你最近一次自己唱歌是什么时候。接下来的 15 分钟里，被试要讨论一些比较亲密的话题，比如你最宝贵的记忆是什么。最后的 15 分钟里，被试要引发更多的自我表露，比如完成这个句子：我希望有一个人能和我一起分享……你最后一次在别人面前哭泣是什么时候？自己哭泣是什么时候呢？

相比于花 45 分钟讨论一般问题的人，那些在近一个小时的时间里经历了自我表露逐渐升级的被试，明显感觉自己与交谈伙伴更亲密。研究者报告，有 30% 的学生认为这些交谈伙伴比生活中最亲密的朋友还要亲密。这些关系显然并不包含真正友谊中的那种忠诚和承诺，但是这个实验提供了一个惊人的结论：自我表露可以如此轻易地帮助个体建立对他人的亲密感。

就像我在第一段感情中总是隐藏自己的真实情感，从来没有向对方表达过爱意，尽管我在心里很爱他，却从未说出口，甚至在行动上也未曾表达。我不喜欢去网吧，也没有对他说过，或许他还以为我很乐意去呢。从头到尾，我都很少表露自我，像是与自己谈了一场恋爱。我不去自我表露，他就看不到真实的我，也就没法真正深入了解当下的我。

在第二段感情中，我主动进行自我表露，表现出真实的自我，表达出真实的情绪，争取到了这段关系的主动权，对方也因此更加了解我，表现出了积极的应答性，我们之间的信任感和亲密感也就越来越强。

有多少人都曾因为爱上一个人，不敢在对方面前表露真实的自己，不断迎合对方，努力活成对方喜欢的模样，却渐渐模糊了原本真实的自己，直至失去自我，失去这段感情。

一个人只有以真实的自我去面对伴侣，才有可能遇到真爱。因为只有这样对方爱的才是真实的你，你才可以一直自由地做真实的自己，尽情绽放自我的魅力，不必小心翼翼，也不会患得患失。虽然你并不完美，但无论什么时候，你都深信自己值得被爱。你不必担心哪一天暴露了真实的自我，对方就突然不爱你了。

你会握有感情的主动权，做真实的自己，爱你的人自然懂你，被你吸引。当你觉得在一段亲密关系中真实的自我被压抑的时候，一定要及时跳出来，认真审视眼前这个人到底是不是真的适合自己，这真是你想要的爱情吗？因此，要想获得一份真挚的感情，你可以尝试以下几种做法。

1. 学会自我接纳

只有你从内心深处真正接纳了自己，相信自己是美好的，是值得被爱的，才不会那么在乎对方的评价，也不会因为对方的评价，影响自我价值的确定。

当你接纳了真实的自己，你会觉得，真正爱你的人会懂得欣赏你，会好好珍惜你。你不会因为爱而委曲求全，你坚信自己会找到一个真正爱你的人。

很多人害怕自我表露是因为担心真实的自己不被接纳，害怕一旦两人坦诚相对，自己就会面临被拒绝和被抛弃的危险。他们害怕承担这种亲密的风险，于是选择隐藏真实的自我，去扮演对方喜欢的角色。但这对于亲密关系的长久发展没有一点好处，因为你的虚假自我迟早有一天会崩溃，你不可能一直伪装下去，当你的虚假自我幻灭时，你的亲密关系也有可能就此瓦解。

2. 学会自我表露

向对方敞开心扉，勇敢地表达自己的情绪和需求，展示最真实的自己。你向对方表露自我，也是信任对方的一种表现，对他来说，具有奖赏意义。你可以积极地表达自己对他的情感：告诉他，你爱他。你诚实表达的爱慕、关心和温情对于爱你的人来说都是巨大的奖赏。心中光有爱还不够，你还必须清楚明白地表达出来。

你可以随时随地在他面前表达你的喜怒哀乐，告诉他，你喜欢什么，不喜欢什么，想做什么，不想做什么。你可以随时流露出自己脆弱的一面，不必担心他会看不起你。因为真正爱你的人，只会心疼你，体贴你。

想要获得一份轻松愉快的亲密关系，想让伴侣更加了解你，从现在开始，学会自我接纳，并且坦然地进行自我表露吧，或许你会得到意外的惊喜。

PART

2

第二部分

了解两性沟通差异性，听懂另一半的内心

读懂对方的沟通模式，提升亲密关系的质量

很多人可能都有过这种经历：经常被伴侣气得半死，而对方却浑然不知。你若是表现出你生气了，对方甚至还觉得你是在无理取闹，不可理喻。殊不知，这真的不能怪任何一方，因为很多时候，这都是基因惹的祸，谁叫我们男女有别呢？两性的大脑在基因方面差异性很大。

认知神经科学家洪兰教授在 TED 演讲中用具体事例介绍了男女之间的情绪、沟通表达、第六感甚至是方向感的差异，都与脑结构不同有关。

为什么情侣吵架时，女人还在生气，男人已经呼呼大睡？因为男人制造血清素的速度比女人快 52%，很快就能平复心情。

为什么女人指路是"前面第一个路口右转，看到麦当劳招牌后左转，再过两个红绿灯看见红色的房子后……"，而男人指路是，"中正路往东两公里，路南"？因为女人的大脑定位系统以色块和标志为准，而男人以方位为准。

为什么女人的第六感比较厉害？因为男人的大脑前后连接比较强，女人的大脑左右连接比较强，女人接收的信息太多，信息没有进

入大脑，而进入了潜意识。这些信息或许还无法成为记忆，只是一个感觉，当需要人们做出判断的时候，这些信息就出来了。潜意识的资讯影响人们的判断。

恋爱时，我和我先生每次发生矛盾，都是我先气得不行，而他却不以为然，觉得我小题大做，很多事根本不值得如此生气。他总是会跟我讲道理，试图分析事情的来龙去脉，让我理性客观地看待这些矛盾，不要这么情绪化。

他越是跟我讲道理，我就越是生气，不想听他说话。我会觉得他根本就不懂我，也不心疼我，我都这么生气了，他应该来安慰我，抱抱我，而不是跟我讲什么大道理。他不理解我为何这么生气，而我不理解他为何如此平静。因此，矛盾时常得不到解决，影响了我们之间的关系。

后来，我系统地学习了心理学，了解了男女思维上的差异性，才懂得两性在沟通模式上也存在差异性。很久以前，心理学家就对性别与话题进行了研究。这些研究调查了从 17 岁到 80 岁的男人和女人在与同性友人聊天时讨论的话题范围。

研究发现，男人和女人在话题内容上的差异性比相似性更显著。女人会花相当多的时间讨论私事和家务事，比如关系问题、家人、健康和生育问题、体重、食物和穿着。男人则更有可能讨论时事、运动和生意。

男女之间在思维上的差异性给男女双方的沟通带来了困难。研究报告显示，男人和女人在形容与异性讨论的话题时，常常会用"肤浅"

一词来进行描述。女人可能会说："我想要和他讨论重要的事，像是我们该如何和睦相处，而他只是想谈论新闻或者我们这个周末要做什么。"同样，有些男人抱怨女人总是追问和提供太多细节，而且经常把焦点放在情绪与感觉上。

研究显示，男人的讲话更直接、更简洁且以任务为取向。相比之下，女人的讲话通常更间接、详尽且以关系为取向。有研究者把与任务有关的"男子气"的才能称为"工具性"特质，把与社交和情感有关的"女人味"的才能称为"表达性"特质。也就是说，男人思维和沟通的方式更倾向于工具性，而女人思维和沟通的方式更倾向于表达性。

当然，这也不是绝对的，有些男人和女人可以同时具备工具性和表达性特质，这被称为"双性化"特质。这样的人最有魅力。双性化特质，通常都是靠后天习得的。所以，虽然男女天生存在生理差异，但也可以在后天经历中习得一些自己所不具备的技能。

在我和我先生沟通时，我的表达性特质很明显，工具性特质却很欠缺，而我先生采用的则是典型的工具性沟通模式。比如当我跟他诉说一件苦恼的事情时，我期待得到的回应是他能理解我，表达和我同样的感受。而他通常会直接给出建议。我不仅不感激他给出的建议，还会听不进去他的建议，我会觉得他忽视了我的感受。而他也很有挫败感，他明明在努力帮我解决问题，我却不领情，还责怪他。

其实，我们只是在自己的沟通体系中，采用完全不同的交流话术与对方沟通，我们都适应不了彼此的沟通方式。后来，在和先生沟通遇到问题时，我会尝试理解并学习他的工具性思维表达方式，而不是一味地陷入自己的表达方式中。

举个例子，有一次，我跟先生抱怨，儿子这么大了还不能睡整觉，频繁夜醒，让我总是睡不好觉，感觉很累，也不知道该怎么办才好。先生听我说完就开始说，你有没有想过他可能频繁夜醒的原因，只有找到可能存在的原因，一一排查，才有可能解决这个问题。

要是在以前，我肯定又要开始生气了，我会觉得他一点都不懂得体谅我。我都说很累了，他也不知道安慰我，就知道讲道理。我说这些，心理诉求是他能够看到我的辛苦，支持我的感受。而他的回应明显没达到我的心理预期，所以我以前经常会闹情绪。

但这次，我觉察到了自己的情绪，明白了我的情绪其实来源于自己的期待没有被满足，而不是先生的回复有什么问题。他只是在用他惯用的工具性表达方式和我交流，没有回应我的感受，并不代表他不关心我，这些都是我从自己的表达角度臆测出来的。

当我意识到了这点，我就不会因为先生的回答影响自己的情绪，而是把焦点放在如何解决当下的问题上，我们共同讨论宝宝夜醒频繁的原因，以解决问题为目标进行沟通。因此，我们的沟通更顺畅，并且在一起解决问题的过程中增进了亲密关系。

先生当然也明显感觉到了我的变化，我不再像以前那样总是钻牛角尖，咄咄逼人。其实，他以前也会经常误解我的表达方式。比如，当他说："我最近很累，睡觉也睡不好。"我为了表示理解他的感受，就会说："我也经常觉得很累，睡不好。"他就会说："你为什么总是喜欢跟我比？"我觉得很委屈："我明明是在表达我理解你的感受，根本没有比较的意思。"

　　这其实就是典型的沟通模式不在一个频道上。他说这句话可能是希望我提出解决问题的办法，而我表达的都是自己的感受，让他觉得我好像在贬低他的感受。类似这样的沟通障碍在两性谈话中经常出现。

　　所以，了解男女思维以及表达方式的差异性非常重要。亲密关系中出现的很多问题，原因都在于伴侣双方用不同的沟通方式去表达自己的想法和感受。

　　如果你只是一味地站在自己的角度思考和表达，很多时候，当对方说的话不能达到你的预期，或者让你无法理解时，你会完全误解对方的意思。这时，你就有可能情绪上头，根本顾不上平静沟通。你们注定要因为男女大相径庭的沟通风格造成难解、消极的影响，甚至责怪对方或这段关系。越交流，矛盾越激化，两个人也就越来越远。

　　如果你能认识并理解男女之间的差异，就能顾及这些差异，适应并学习彼此的沟通风格。如果你能够根据谈话风格来解决冲突，就能更好地面对真正的冲突，并找到一种共通语言来解决这些冲突，如此一来，沟通就会深化你们之间的亲密关系。

不同的需求，导致不同的沟通方式

亲密和独立，是人类存在的两大基本需求，贯穿我们的一生。亲密需求，意味着我们在某种程度上要适应他人，渴望与伴侣产生连接。而独立需求，则意味着我们需要坚持自我，能够拥有自己独立的空间。

可以说，亲密和独立是人们在亲密关系中最根本的需求，但男性和女性恰恰对这两大根本需求的表现不同。很多时候，两性沟通出现问题，就是彼此的需求没有被对方看见，没有被理解。

男性和女性从小就成长于不同的社交世界，从本质上来说，他们从一开始就处在不同的沟通体系中。对此，人类学家丹尼尔·马尔茨和露丝·博克尔进行过一系列研究，他们总结认为，男孩和女孩会用不同的方式对朋友说话。虽然他们进行的一些活动是相似的，但他们最喜欢的游戏是不同的，他们在游戏中使用语言的方式也构成了两个完全不同的世界。

男孩们倾向于在户外玩耍，组成有等级结构的大群体。他们的队伍里会有一个首领来指挥别人做什么、怎么做，并抗拒做其他男孩提议的事。这种较高的地位是通过发号施令，并让其他人遵守的方式获得的。男孩们的游戏总是有赢家和输家，以及精心制定的规则体系。

而女孩们会组成小群体或结对玩耍。一个女孩的社交生活的中心，是她最好的朋友。在女孩的群体里，亲密关系是关键，她们的"地位等级"是由亲近程度决定的。在她们最常玩的游戏中，大家轮流参与，每个人都有机会。女孩们不习惯发号施令，更倾向于用建议的方式表达她们的偏好。很多时候，她们只会坐在一起聊天。她们不习惯用明显的方式谋取地位，更关心的是自己能否让他人产生好感。

在不同社交世界成长起来的男性和女性，不同的"地位等级"观念对他们产生了根深蒂固的影响。由于历史文化等各方面因素，男性一直对个人地位比较看重，在一个会区分地位等级的世界里，男性更偏向独立需求，因为树立地位等级意味着有绝对的话语权，可以独立决策任何事，命令别人做事，而接受别人的命令则是地位低下的表现。女性更偏向于亲密需求，渴望更多的情感连接。

著名社会语言学家黛博拉·泰南总结说，男性使用的是一套有关地位等级和独立性的语言，女性使用的则是一套关于人际关系和亲密性的语言，两性对话可以说是一种跨文化交流。这些固有的差异性影响着两性不同的思维模式，导致他们在面对同一件事时通常会有不同的看法。

在我与我先生的日常交流中，这种差异性表现很明显。有一天中午，先生突然跟我说，他要出去跟一个朋友吃饭，朋友还要来家里住两天。我感觉很突然，就问他和哪个朋友吃饭，怎么突然就要过来住两天。

王先生这才跟我说，他的一个好朋友来到我们所在的城市出差，他们几天前就约好了。我有点生气地问他，这么重要的事为什么不提前告诉我？为什么作决定都不和我提前商量一下，而是作好了决定才通知我？

我觉得自己不被尊重，他根本就不把我放在眼里。在我看来，夫妻之间，凡事一起商量，共同作决定，才是亲密的表现。因为夫妻本就是一体的，彼此生活也密不可分，一个人的行动必然会对另一个人造成影响。所以，我一般在作决定前都会征求他的建议，这让我觉得自己和他紧密相连。

但先生却觉得我小题大做，他觉得就算跟我商量了，结果也不会有什么改变，所以就没必要和我商量。这种事他完全可以自己做主，这点独立行动的自由，他还是有的。

他觉得我是在试图控制他，限制他的自由，他不止一次说过，我的控制欲太强。但在我看来，很多事都应该和我讨论后再作决定。比如，他最近给家里买了一台烘干机，花了1万多块钱。我觉得这么一大笔开支，至少应该在买之前跟我商量一下。毕竟，我们在一起生活，对财务有共同规划。他却觉得，这是生活必需品，该买的就得买。

他不明白，我并不是不支持他买这个，我在意的是他没有顾及我的看法，作决定没有考虑到我的感受。这种类似的分歧总是在生活中出现，没办法彻底解决。毕竟，这来源于我们思维模式上的本质差异。

很多女性觉得事事和伴侣商量是很自然的行为，但很多男性却会不自觉地私自作决定。这其实就是男性和女性对独立和亲密的需求不同的表现。女性觉得和伴侣讨论商量是交流的一种方式，能够增强亲密感。而男性觉得花很长时间讨论一件在他们看来无足轻重的事，会让人倍感压迫。他们会觉得征求伴侣的建议，取得伴侣的同意，会显得自己不够自由，不够独立。需求不同决定了两性的思维模式不同，而思维模式不同又反映在不同的沟通方式上。

女性被贴上"唠叨"的标签，很大部分原因来源于两性不同的沟通风格。妻子在家里要求丈夫去做某件事，丈夫只要从措辞中感觉到了"被命令"的意味就会本能地表示抗拒。

他可能嘴上答应会去做，但行动上却一再拖延，这样他就能认为自己的行为是出于自由意志，而不是被妻子要求的。因为丈夫总是在拖延时间，妻子不得不重复自己的要求，丈夫就会不断推迟完成。

当你了解了两性在亲密和独立需求上的差异性时，可能也就更加理解伴侣为什么要那样说话，那只是因为你们的本质需求不同，导致你们在同一段对话中关注点不一样，并不是他不尊重你或者不爱你。

当然，了解这种差异性并不会让差异消失，却可以尽可能避免你们之间的相互误解和指责。只有给予彼此更多的理解，包容差异，你们的沟通才能更顺畅。

好的亲密关系，离不开相互麻烦

我与王先生相爱12年，结婚6年，他越来越爱我了。恋爱时，他也没有这样宠过我。然而，现在他对我这样的宠爱却是因为6年前的那场感情危机。那一次，我们差点分手，也让我深刻反省了自己。

我一直以来是一个很独立且有主见的女人，在家里是老大，从小到大非常懂事，从来不让父母操心，习惯了自己的事自己做主，很少会去麻烦别人。与朋友相处时，更是如此，生怕会给别人带去麻烦。

这样的性格，我自然带到了恋爱中。与王先生开始恋爱的那几年，还是在校园里。别的女生什么事都让男朋友帮忙，比如打水、占座、搬东西等。而我却像一个"女汉子"，凡事都是自己来，很少会想起来麻烦王先生，总觉得只要是自己力所能及的事，无须麻烦别人。

王先生开始以为我是跟他不熟，不好意思麻烦他。可是后来，我们谈了4年恋爱了，我还是习惯独立自主，这让他觉得自己没有存在感。

有一次，他终于忍不住对我说："我觉得我对你来说，可有可无，你并不需要我，你什么事都可以自己做得很好，我在你身边好像是多余的。"听到他这么说，我万分惊讶，原来我一直以来的懂事独立在他那里却变成了他不被需要。我一厢情愿地以为我不去麻烦他，会让他有更多独立的空间去做自己的事。殊不知，你不去麻烦对方，对方就无法付出，这会让你们的关系陷入更大的麻烦。有心理学家说："不麻烦彼此，关系也就无从建立。"好的关系都是麻烦出来的，伴侣之间更是如此。

经过这件事以后，我开始明白，如果我再自以为是地独立下去，只会把他越推越远。后来我们结婚了，我开始有意识地麻烦他，但凡能让他做的事就去让他做。

让他为我做饭，他的厨艺越来越好，他还会主动拖地、洗碗、带孩子，俨然一副"家庭煮夫"的模样。我也落得一身轻松，越来越会偷懒了，也慢慢学会适当依赖他。

记得我们刚搬进新房，之前因为每次都是和他一起过来，有一次晚上我自己回家居然迷路了。我赶紧给他打电话，他让我站在那里别动，赶忙跑过来把我接回去了。还摸了摸我的头宠溺地说："都这么大的人了，还像个小孩一样迷路。"

我突然觉得，能被人这样宠爱的感觉真好！我也能感觉到他因为越来越被我需要，和我更加亲密。我不断地麻烦他，激发了他作为男人的保护欲。当然，他也会时常麻烦我，比如当他在工作中遇到不顺心的事或者有消极情绪的时候，都会和我说出他内心真实的想法，渴望得到我的理解和安慰，把我当成精神依靠。

我喜欢他能时常和我交心，这说明他很信任我，能够从情感上依赖我，而我也获得了一种强烈的被需要感。每当这个时候，我不仅仅是他的妻子，更是他最知心的朋友，给他鼓励和支持，给他力量，陪伴他度过每一个脆弱的时刻。

心理学上的"吸引奖赏理论"，是指我们会倾向于喜欢那些能给我们带来奖赏价值的人，这种奖赏价值包含愉快的心理体验，个人成就感和价值感等。对方越是能给我们更多的奖赏价值，我们就越容易被对方吸引。奖赏价值是影响亲密关系的重要因素之一。

根据这个理论，我们可以看出，在一段关系里不断去麻烦伴侣，其实是对他价值的肯定，这是一种相互需要的过程。比如，我需要王先生与我共同分担生活的重担，王先生需要我肯定他的价值。这种互动过程其实都在增加彼此在这段亲密关系中的奖赏价值，夫妻关系会在相互奖赏中变得更加亲密，双方的能量一直在积极地流动，并不断得到回应。

心理学中有这样一个规律，很多时候并不是你去帮助别人，他才会喜欢你，有时让他来帮助你，他反而会喜欢你，因为他会产生一种被需要的感觉。心理学家武志红指出，懂事、怕麻烦常来自绝望，而且总与孤独相伴。女人在婚姻关系里不必太过懂事，你可以什么都懂，但千万别事事都自己扛，要学会麻烦男人。你越是懂得如何麻烦男人，男人也就越懂得如何更好地爱你。

电视剧《延禧攻略》里的魏璎珞和富察容音的不同结局很好地说明了"好的亲密关系，都是麻烦出来的"。魏璎珞在乾隆的万千佳丽中，绝对算得上最不懂事的一个。别的妃嫔都是想着法子讨好皇上，在皇上面前从来都是恭顺有礼，不敢说个"不"字。她却欲擒故纵，故意

"套路"皇上来找她，但又放皇上鸽子，皇上也对她无可奈何。她总是给皇上制造各种麻烦，让他在关键时刻来救自己。就是这样一个又一个的麻烦让她渐渐走进了皇上的内心深处，成了他心中独一无二的女人。

相比之下，一向温婉贤淑、端庄大方的富察皇后，一生都被所谓的皇后责任所束缚。如她自己所说："我侍奉太后，尊重皇上，善待妃嫔，处事谨慎，我怕行差踏错，怕被天下人指责。我贤良淑德，怕被皇上厌弃，我不怨，我不妒，我也不恨，我替皇上护好妃嫔，我甚至把她们的孩子当成是我自己的孩子，我得到了什么……"

这样懂事宽容的她却无力保全爱子，一场大火烧毁一切，最终走上绝路。富察容音的悲剧值得每个女人深思，她太过懂事，过得太辛苦，却得不到丈夫的理解和心疼。相反，总制造麻烦的魏璎珞却成了皇上的心头肉，逆袭为人生赢家。因为她不断麻烦皇上，让皇上得到奖赏价值，自然在皇上心中的地位越来越重。

有人采访过很多出轨的男人，当问及他们出轨的原因时，不少人说道，是因为感觉自己不被妻子需要，在家里有一种挫败感，所以就想出去寻找那种被需要的感觉。

女人如果一味地太懂事独立，就是亲手把男人往外推。男人会觉得反正你什么都会，有没有我都无所谓。他得不到来自另一半的奖赏价值，于是在这段感情中的存在感不断减弱。

一旦男人觉得女人不再需要他，他的那种骨子里的英雄梦就破碎了。为了重拾自信，展现自己的男人魅力，他就会从别处寻找新的奖赏价值。而那些懂得麻烦他的女人就是他的精神寄托，因为总是被麻烦，男人潜意识里会觉得这个女人需要被照顾，从而产生强烈的被需要感，奖赏机制随之建立，亲密关系自然也就建立起来了。

心理学上存在机会成本效应，也就是说，一方对另一方的付出越来越多，对这份感情也就会越来越珍惜，越不会轻易放手。从心理学自恋需求分析，每个人都希望自己的付出是值得的，不肯承认自己为之付出精力的东西是不好的。于是，这个人就会加倍地珍爱这段感情，以维持这份自恋。

聪明人都懂得麻烦伴侣，让伴侣在这段关系中始终拥有高价值感和强烈的被需要感，使亲密关系保持持久的吸引力。你可以尝试以下几种方法来麻烦伴侣。

1. 女人可以让伴侣做一些家务事

大多数女性在婚姻关系中经常大包大揽，做家务、带孩子，还要上班。而老公好像成了家里第二个孩子，除了工作，其他什么事都不需要做。这样下去，女性在婚姻中会越来越不堪重负，不断付出却得不到滋养。

而男人却很难体会女人在婚姻中的付出，甚至觉得自己不被需要。好像这个家只要有女人在，就能很好地运转。所以，女人需要经常麻烦男人去做事，说是麻烦，其实也是一种分工，来平衡双方在婚姻中的付出。很多女人可能觉得男人无法做好那些家庭琐事，还不如自己做省心。

其实不然。他之所以做不好正是因为你一直都在自己做，没有给他锻炼的机会。你需要放手，给他精准的指令，让他去做一些事。比如，吃完饭，你可以对他说："老公，你能把碗洗了吗？我需要做别的事。"或者说："老公，今天你能带孩子一起读绘本吗？"男人一般都喜欢听明确、精准的指令，不要让他猜，也不要指望他能主动做这些事，因为他可能根本想不到这些。你不去麻烦他，他就默认你并不需要他。

当你习惯性地麻烦他去做一些事后，你会发现，他其实也能做好这些事，还能体会到你平时做这些事时有多不容易，对你有了更多的理解和体贴。久而久之，他对这个家的责任感也会越来越强，对这段婚姻关系也会更加珍惜。

2. 男人可以与伴侣多交心

大多数男人在婚姻关系中喜欢凡事一个人扛。在职场上，受到委屈和刁难，也选择一个人消化，不想在家人面前暴露自己脆弱的一面，怕给家人添麻烦。因为长期以来的男性文化，都在宣扬男儿有泪不轻弹，似乎男人就应该是无坚不摧的，不能太软弱。

但男人和女人其实是一样的，也有自己脆弱无助的一面，也需要被人关心、被人心疼。所以，男人不要总是压抑自己的情绪，试着跟老婆多交心，暴露自己的脆弱，寻求安慰，不要怕被老婆瞧不起。真正爱你的人，不会因为你的脆弱就瞧不起你，反而会因此更加懂你、心疼你。在你不断和伴侣交心的过程中，她离你的心也会更近，会感受到你很需要她。你们相互需要，关系也就更加亲密。

亲密关系的连接需要双方的不断互动，在互动中，情感能量才能源源不断地输入和输出，形成一种奖赏价值的良性循环。女性要多麻烦伴侣承担起家庭事务，男性也需要多与伴侣交心，敢于暴露自己的脆弱，这样的相互麻烦就是最佳的互动形式，也是日常生活中让夫妻感情保鲜的有效法宝。

一个人爱不爱你，身体最诚实

很多人在面对爱情时，总是会问："他到底爱不爱我？""我怎么判断他是否真的爱我呢？"然而，爱，不是靠判断，而是靠感受。一个人爱不爱你，身体的反应是最直接的，也是最诚实的。爱你的人，你会感受到来自他身体爱意的表达。

在电视剧《橘生淮南》中，洛枳每次看盛淮南的眼神里都藏着她内心深深的爱意。她的眼神，时时刻刻都会被盛淮南的身影牵动着。

小时候，她看见盛淮南因为不爱吃肥肉，将肥肉偷偷地在凳子下摆成一排，这一幕就深深地刻在她的记忆里。在食堂吃饭时，她看见盛淮南用三根筷子吃饭，她也学着去做。她经常去球场，只为了看他打篮球，给他加油。她喜欢默默地跟随着他，观察他的喜怒哀乐。

她的眼神总是关注着盛淮南的一举一动，无论他是独自一人还是在人群里，她的眼里只有他，她想了解关于他的一切……

眼睛是心灵的窗户，爱你的人，看你的时候，眼里会有光，不管你在哪里，他的目光都会跟随着你。看着你，他就觉得心安。他只想通过眼睛记录下你的一颦一笑、一举一动，捕捉你每个瞬间的灵动。

微博达人"东野先生的信箱"写过："喜欢一个人的话是真的藏不

住。不管是表情，眼睛，还是互联网上的痕迹。爱你的人，看你的眼神必定是专注而深情的，你就像一个巨大的磁场，什么都没做，却吸引了他所有的目光。一个人爱不爱你，眼睛不会撒谎，它是爱意最真实的流露。"

我的学姐雪儿和学长大明谈了四年异国恋，学长在美国，学姐在中国。去年年初，他们有情人终成眷属，走入了婚姻的殿堂。在结婚典礼新郎迎新娘的环节中，学姐给老公大明提出了"灵魂十问"，他全都答上来了。这让很多人非常诧异，其实这都是因为他平时和学姐聊得非常充分。

那四年，我和学姐合租一间房，她和学长有多能聊，我是看在眼里的。每天早上，学长都会定时在七点给学姐发来越洋视频通话。道上一声早安，聊聊一天的计划和一些情话，时长最少半小时。

每天晚上九点也是他们的专属通话时间，学姐在镜头前有说有笑，有时候笑得根本停不下来。两个人经常能聊一个小时以上，甚至经常狂聊到凌晨也舍不得结束通话。

他们对彼此的生活近况了如指掌。学长将国外发生的趣事分享给学姐听。学姐也会向学长诉说自己的烦恼，而学长总是很耐心地给学姐分析，帮她排忧解难。四年里，学长给学姐的定时通话从未间断过。所以，就算不在身边，他始终都是那个最了解学姐的人，事无巨细，全都记在心上。

都说异地恋会败给距离，其实那都是因为不够爱。真正爱你的人，无论距离有多远，都会想方设法找你聊天，时刻都想听见你熟悉的声音。爱你的人，总是和你有着说不完的话，生怕错过你的点点滴滴。和你说话就是一种最纯粹的快乐，最惬意的享受。

真正爱你的人，会花时间陪你说话，听你说话，用心感受你的快乐和悲伤，走进你的内心世界。就如同那首歌里唱的那样："我能想到最浪漫的事，就是和你一起慢慢变老，一路上收藏点点滴滴的欢笑，留到以后坐着摇椅慢慢聊……"爱你的人，在和你说不完的话中藏着诉不完的情。

我家先生会在我吃饭热得满头大汗时，不经意间给我擦掉额头上的汗。他知道我不吃香菜，每次出去吃饭，总是会和服务员打招呼，所有菜品都不要放香菜。下雨天，没带伞，他会脱下自己的外套，不自觉地遮住我的头，生怕我淋雨生病了。

我平时在家写稿，他怕我不按时吃饭，总是在上班前为我准备好一天的食材，时常炖上一锅鸡汤。他还经常在我写稿时，默默地端上一杯牛奶或者一盘水果，给我补充能量。他看我经常性伏案工作，一坐就是几个小时，总会给我按摩，帮我放松身体。

虽然他嘴上很少会说甜言蜜语，但是这种十年如一日细节上的关怀却胜似任何言语。爱你的人，会时刻把你放在心上，生怕你热着、冷着、饿着、累着……他的一举一动都会因为你的需要而改变。他总是从生活点点滴滴的细节处心疼你，无微不至地呵护你。让你在平凡冗长的生活里，感受到无数个琐碎细节的温暖。

爱你的人，爱意往往体现在日常的每个行动里，你身体的每个细胞都能感受到爱的振动频率。就像这句话说的："身体是一个机关，藏着感受爱情最直接纯粹的密码。"

无论是非言语沟通还是言语沟通，都是亲密关系中非常重要的一部分，一开始就和亲密关系密不可分。爱你的人，总会通过身体的各种沟通方式传达爱意。

所以，不要再去猜对方是不是真的爱你，在爱情中患得患失。爱你的人，不用你猜，他的眼神、话语、身体的每个下意识的动作都在传递着爱的温度，在无数个"不经意"间告诉你。

一个人爱不爱你，身体的反应永远是最诚实的。他的心为谁跳动，他的身体就会给谁温暖。那些不经意间的心疼，那些时时刻刻的挂念，都是最好的证明。

你为什么总是遇到"渣男"？

一个读者周梅来信问我，为什么她遇到的都是"渣男"？她说她的每一段恋情，包括最后的婚姻，都是以男方出轨而收场。第一段恋情，开始于校园，毕业后他们开始异地恋。因为是异地，身边的朋友都会提醒周梅要看好男朋友，毕竟外面的诱惑很多。

周梅本来就很不自信，当初还是自己追求男友的，骨子里就觉得自己配不上男友，男友太优秀了，总有一天会厌倦自己。所以，她在和男友的相处中总是患得患失，疑神疑鬼，每天都要男友向自己汇报行程，今天做了什么事，见了什么人，是男还是女。

但凡男友不汇报或者迟迟没有回复，她就觉得男友肯定在和别的女孩约会。打电话时总会质问他，是不是背叛了自己。好不容易跟男友见面，也是问东问西，还偷偷看男友手机，企图通过蛛丝马迹找到男友劈腿的证据。终于有一次男友受不了爆发了，让她不要再看他的手机，也不要再问他在干什么。

周梅觉得男友变了，不让自己问，也不让自己看，肯定是背叛了自己，才会如此心虚。她不止一次对男友说："有本事你就找个更好的人。"后来，男友还真背叛了她，找了一个在周梅看来比自己优秀很多的女孩。自此，周梅觉得男人果然是不值得信任的。

她把这种对男人的不信任感带入后来的婚姻中，又上演了同样的悲剧。只要老公回家晚，她就觉得他可能有别的女人。老公不想和自己亲热，睡觉时不抱着自己，她就觉得老公不爱自己了。老公不回消息，不接电话，她就觉得他一定是在躲着自己，背着自己干见不得人的事。她常常陷入这种自我想象中无法自拔，怎么看老公都觉得他厌倦自己。

以至于每次吵架，她都会说："反正你早就烦我了，有本事你就离婚。"老公刚开始还会跟她解释，后来索性懒得解释了，她更加觉得老公就是盼着离婚的。

殊不知，她这种行为对任何男人来说，都是在不断消耗对方的热情，直至让对方身心俱疲，将彼此的爱消磨殆尽。最终，对方会按照她的期待去找另一个女人，两个人的亲密关系最终破裂。

其实，周梅的这些想法和行为恰恰验证了"自我实现的预言"。也就是说，如果一个人刚开始的关系信念是错误的，她对这段关系有着错误的期望，最后这些错误的期望都会变成现实。因为它会诱导被期望人的行为，使错误的期望得以实现。

周梅在两段感情中都表现出强烈的不自信，觉得自己不值得被爱，伴侣总有一天会厌倦自己，喜欢上别人。她不断地强化这个信念，只要看到对方有什么异常，就觉得是在验证自己的信念，又进一步强化信念。

此外，她不断地将自己这个错误的信念强加给对方，对他形成错误的期望，而这些错误的期望恰恰在无形中推动着对方出轨。

关于"自我实现的预言"，心理学家罗兰·米勒在《亲密关系》一书中提到了一项研究。研究者让明尼苏达大学的男生看一张他们即将结识的女生的假照片，并且让他们相信，和他们在电话里聊天的女生有的非常漂亮，有的则非常丑陋。然后研究者将谈话录了下来，看会有什么结果。

认为自己在和美女聊天的男生比认为和丑女聊天的男生有着更高的期望，在交往开始时他们更为热切和投入。听谈话录音的人也认为前者更好交际、热情外向和勇敢。男生对女生的判断清晰地反映在他们对待女生的行为中。

那么，女生又是如何应对男生的这些行为的呢？她们并不知道自己已被贴上漂亮或丑陋的标签，但是肯定知道与自己交谈的男生是热情还是冷漠。结果男生得到了他们所期望的：那些被认为美丽的女生听起来更吸引人，她们对兴味盎然的男生报以热情和魅力。

相形之下，那些被认为丑陋而且被男生淡漠对待的女生，听起来相对乏味。在这两种情况下，无论男生的期望是否正确，他们都从女生那里看到了自己所期望的行为。

一项研究计划发现，经常忧虑被他人拒绝的人，其行为方式往往更可能遭人拒绝，对拒绝高度敏感的人经常会紧张地感受到别人的怠慢，即使并没有人有意冷落他。

"自我实现的预言"在亲密关系中其实很常见。所谓你深信什么，你的生活就会是什么样子，就是这个道理。是你的信念，创造了你的生活。伴侣怎么对你，都是被你允许的，甚至是被你引导的。

当然，很多出轨和家暴确实是男人的问题，但也有一部分是女人错误的信念推动的结果。一旦女人有了错误的信念，就会在潜意识中去不断强化这个信念，在与男人的互动中验证自己的信念，不停地证明自己构建的世界就是那样的。然后，怎么看这个男人就怎么不顺眼，她看不到这个男人身上的闪光点，眼睛只盯着那些可能让自己受伤害的点，并不断放大它们，让它们成为验证自己信念的证据。

她坚信着自己的信念，为了不让信念崩塌，避免失控感，她的行为方式也就在不断推动信念的实现。最终，男人出轨、家暴，让她的信念成真，她又会再次认定自己的信念是正确的，以更加强烈的信念进入下一段关系。这种恶性循环导致了很多女人总是遇到"渣男"，重复上演着爱情悲剧。

亲密关系是经不起折腾的，也经不起一次又一次的考验，两性相处最重要的是彼此信任，相互尊重。所以，不要再以你错误的信念去挑战你的另一半了。为了避免错误的信念导致亲密关系的破裂，你需要做以下几点。

1. 提升自我价值感

只有自我价值感高的人，才不会总是觉得自己可能被伤害、被抛弃，不会担心自己不再被人爱，也不会担心伴侣会移情别恋。她们坚信自己是值得被爱的，她们爱自己，也就更容易得到别人的爱。

她们会觉得，如果一个人离开了自己，那是他不懂得珍惜自己，而不会轻易怀疑自己的价值。她们把更多的关注点放在自己身上，不会总是盯着伴侣的一举一动，把伴侣逼得太紧，让亲密关系陷入紧张。

2. 不断反思自己的知觉

既然亲密关系总是受到自我知觉的影响，我们就需要经常反思一下自己当下的知觉是什么。反问自己一些问题，比如，是否有错误的知觉在支配着我们的言语和行为？我们对伴侣的看法真的是事实吗，还是自己的一种偏见？我们是否放大了伴侣的一些缺点，而忽略了他们的优点？

让自己暂时跳出当下的亲密关系，以旁观者的视角审视一下自己，尽量保持客观理性的觉知。要知道，你的亲密关系总是出现相似的问题，可能是因为你有着错误的关系信念，你需要觉察自己的信念是否存在问题。如果你的关系信念是错误的，换一个伴侣，结局可能也是一样。

3. 与伴侣深入沟通，让他了解你的关系信念

如果你觉察到自己在亲密关系中总是存在某种信念，而你又无法控制自己不去想，你可以把这个信念坦诚地告诉你的伴侣。比如，周梅觉得男人都不值得信任，总是控制不住自己去怀疑对方，有可能跟她以往的情感经历和原生家庭有关系。她可以开诚布公地与伴侣交流，讲述自己的故事，表明自己可能对男人缺乏信任，让伴侣不要做一些可能会触发自己防御机制的事。

如果对方真的爱你，会看到你过去的伤痛，理解你当下的无助。以后在与你相处时，也会更多考虑你的感受，尽量不做可能会伤害到你的事。你过去的伤痛会在他的包容下渐渐消散，你也会慢慢被他治愈。

坦诚以待，真诚沟通，不仅会让伴侣更加深入地了解你，也会加深你们之间的亲密感。相信有一天，总会有一个人改变你固有的关系信念，重建你对亲密关系的信心。

每个人都想爱与被爱，但不是人人都能享有。学习如何去爱，是我们每个人的修行。只有敢于承受不确定性，敢于打破自己固有的限制信念，跳出自我认知的舒适区，重新做出积极的选择，才能收获新的爱情体验，享受爱的盛宴。

3 PART

第三部分

认识婚姻本质，沟通更加有效

完美婚姻，只是幻象

    有这样一对夫妻，他们的婚姻堪称完美，人人都羡慕。丈夫深情体贴，帅气绅士；妻子才华横溢，温柔大方。两人结婚五年，看起来依旧甜蜜如初，激情不减。所有人都觉得他们是完美夫妻的典范。只是在第五年结婚纪念日的时候，完美妻子突然消失，丈夫不知道她去了哪里，于是报了警。

    在寻找妻子的过程中，关于完美婚姻的真相一点点在我们面前展开，原来看似完美的背后竟是无法企及的可怕深渊。妻子的消失居然是一场蓄谋已久的计划，为的就是制造自己被丈夫谋杀的假象，让丈夫坐牢甚至被枪毙。

    以上是电影《消失的爱人》讲述的故事。妻子艾米和丈夫尼克初次相识时就被对方吸引，尼克喜欢艾米的才华美貌、温柔性感，而艾米喜欢尼克的深情体贴、风趣幽默。他们双方都认为自己找到了梦寐以求的完美情人，很快便走入婚姻。在结婚的头两年，两人始终扮演着彼此心中完美情人的模样。后来尼克的母亲生病了，他们从纽约搬到密苏里居住。

    两个人表面上看是一对典型的美国中产夫妻，生活体面，感情和谐。但是尼克失业后，两人的婚姻内部开始发生变化，艾米的父母遇上债务危机，她把自己信托基金中的钱拿给父母还债。尼克责怪她不与自己商量，擅自做主。

尼克失业后开始不求上进，买游戏机等电子产品，在家打游戏，什么都不管。艾米指责他不思进取，再也不是她眼中那个积极上进的丈夫了。他们双方完美的形象开始在现实生活面前慢慢崩塌。艾米变得控制欲极强，尼克也不再那样浪漫深情，渐渐无视妻子。

看似波澜不惊的婚姻表面，实则藏着波涛汹涌的暗流，而双方都不自知，也没有去深入沟通交流，而是选择逃避现实。原来他们爱上的是自己想象中的那个人，而不是真实的对方，当完美的面具被摘下，他们都无法接受这样的真相，觉得自己被骗了。

尼克觉得和艾米在一起越来越累，在家里甚至感到窒息。于是他在家的时间越来越少，彼此之间的交流也越来越少，两人的关系越来越冷淡。尼克出轨了，艾米眼看着他爱上了一个很像当年的自己的女人，又玩着当年对自己表演过的风趣和深情。

她感觉自己蒙受了莫大的耻辱，这种羞辱感越来越强，激发了艾米心中的阴暗和狠毒。她为了报复尼克对她的冷淡、疏忽和背叛，精心伪造了一场证据确凿、令人信服的"被谋杀"案。

"我那懒惰成性、说谎成癖、劈腿不忠、健忘麻木的丈夫，会因为谋杀我被关入大牢。"这就是艾米最终所要得到的结果。艾米甚至已经做了最坏的打算，如果最后尼克还不能被定罪，她就自杀。哪怕以生命为代价，她也要置尼克于死地。

一个人到底对另一个人恨到什么程度，才不惜与之同归于尽。

曾经是亲密无间的夫妻，爱有多深，恨就有多深。对彼此的期望越多，当对方不能满足自己的期望时，失望也就越多。

越是自以为完美，在完美的幻象破灭后，内心的空虚感就越强烈。原来自己一直以为的完美只是一场自欺欺人的骗局，她渐渐迷失了自己，只想以报复来解自己的心头之恨。

在尼克明白了这是艾米的阴谋后，无法理解，艾米竟然恨他到如此程度，而他竟全然不知。其实，他并不是一点都不知道，只是不愿意去想，不愿意花心思去了解妻子的精神世界，不愿意付出精力去沟通。当婚姻出现问题的时候，他只是逃避，即使他还是很想和艾米有个孩子。

他当初爱上的只是艾米的外表，"尼克爱上的只是我当时假装的女孩，'酷女孩'。酷女孩代表性感、随意、有趣，酷女孩永远不会对他们的男人发脾气，她总是笑意盈盈、喜气洋洋、活泼可爱，他喜欢什么，她就喜欢什么"。

如果尼克始终忠诚，艾米倒是愿意将这样的"酷女孩"演到底的，但是他没有。他先背弃了自己的誓言，开始厌倦自己曾经喜欢的这个艾米。说到底，他们都一直停留在对彼此最初的完美印象里。殊不知，当初他们都是为了吸引对方而故意表现出自己最好的一面，但那并不是完整真实的自己。

一个人可以伪装一时，却很难伪装一辈子，如果走入婚姻后，你还是把对亲密关系所有的期望都放在一个人身上，那你肯定会失望。

因为如果你把所有的期望都寄托在一个人身上，这个人会越来越累，最终不堪重负离你越来越远，因为你让他很有压力。

心理学家苏珊·坎培尔在著作《伴侣的旅程》中把亲密关系的发展分成五个阶段：浪漫期、权力争夺期、稳定期、承诺期和共同创造期。基本上每段亲密关系都要经历这五个阶段，才能稳定长久下去。

在浪漫期，亲密关系的双方都觉得这段感情充满新鲜感，激情满满，看到的全是对方的优点，被对方强烈吸引，恨不得一天24个小时都和对方腻在一起。浪漫期的人很容易把自己对完美伴侣的期待投射到对方身上，认为自己遇到了命中注定的另一半。

在浪漫期，对方不是一个人，而是一个被赋予了各种期待的理想对象。但浪漫期终究会过去，当浪漫期结束，激情退却，你开始看到对方真实的样子，发现他也不过如此，彼此的缺点开始暴露出来。当你发现对方不能满足你的期待时，你想改造他。

于是你们进入了权力争夺期。双方都努力想要改变对方，争夺在亲密关系中的主控权，争夺的形式可能是争吵、冷漠甚至分离。很多人往往到最后会选择放弃，走出权力争夺，结束关系。比如，尼克为了逃避争吵，选择出轨，重新进入和另一个人的浪漫期。

然而，亲密关系大多都要经历权力争夺期才能迎来稳定期。如果你总是在权力争夺期选择逃避，不去积极面对，解决问题，你将很难得到一段长久稳定的亲密关系。那么，我们怎样才能顺利走出权力争夺期，让亲密关系进入稳定期呢？

1. 降低你的期待

一个人对自己亲近的人有期待很正常，通常越是亲密的人，期待就会越大。你可以有你的期待，对方也有不接受的权力，他可以选择满足你的期待，也可以选择不满足，你要有心理预期。

你不能因为他不能满足你的期待，就去责备他、攻击他，甚至怨恨他，那只会把他越推越远。你要学会为自己的期待负责，因为没有人有义务对你的期待负责。期待是一种约定，而不是义务。你可以向伴侣表达你的期待，如果他做不到，你就要学会降低自己的期待。

2. 尊重和接纳彼此的差异性

每个人都有自己的缺点，也会有自己的个性，既然你选择他作为自己的另一半，就不只是和他的优点在一起，也是和他的缺点在一起。他是一个完整的人，不是一个完美的人。你只有学会欣赏他的优点，包容他的缺点，才能真正看见他，让爱意在你们之间流动。

3. 不要评判对错，而是要分享感受

发生冲突时，很多人总喜欢去评判谁对谁错，比如，当你说："你这样做是不对的，你就是个傻子。"这种类似的批判性语言，其实都是对彼此的伤害，只会加剧彼此之间的矛盾。

要知道，每个人都有自己的立场和想法。你可以不同意对方的观点，但不要随意评判他。你不妨试着说："你刚才的行为让我很受伤。"这种分享感受的表达方式，一方面向伴侣坦露了真实的自己，另一方面也让伴侣觉察到他的行为对你造成的伤害，从而拉近你们之间的距离，使亲密感得以滋生。

等你不再总是想着改造对方，懂得尊重彼此的差异性，积极分享自己的感受，你们就会渐渐走出权力争夺期，亲密关系也会迈上一个新台阶。

婚姻的本质，绝不只是爱情

我有个朋友小亮，很怕结婚。在他看来，婚姻就是爱情的坟墓。因为他看过太多身边朋友在走入婚姻后，感情很快就变得平淡，两个人之间也不再有当初的激情。

小亮一度认为，如果两个人之间想要一直保持爱的激情和浪漫就不能结婚。所以，他谈了几段恋爱，一旦对方提出想结婚，他宁愿分手也不想给出承诺。甚至于在恋爱中，只要觉得激情冷却，两个人的感情变得平淡，他就想结束这段对他来说索然无味的恋情。

在他对爱情的认知里，爱情就应该是充满激情浪漫的，如果彼此之间失去了当初心动的感觉，早点分开对彼此都好，至少还能留下美好的回忆。要是等到相看两厌、争吵不断再分手，那连最后一点体面都没有了。

小亮今年 32 岁了，刚刚结束的这段恋情是他谈得最久的，差不多三年了。算起来这应该是他的第七段恋情，之前的每段恋情几乎不会超过一年。所以，我本以为他这次找到了对的人，找到能够让他的心安定下来的人了。

小亮的这个女朋友各方面条件都很好，人长得漂亮，名校研究生，毕业后在一家知名企业工作，刚毕业年薪就 40 万元。而且她性格温柔，善解人意，还会做饭，把他照顾得很好。有这样的女人相伴，还有什么不满足呢？

　　可是，他有段时间突然跟我说，他好像对女朋友没感觉了，也渐渐对她失去了耐心。以前女朋友跟他撒娇时，他会很有耐心地哄她，还觉得她很可爱。但有一次女朋友忘带宿舍门钥匙了，她撒娇地说自己太笨了，还不停地发委屈的表情，想让他安慰安慰她。

　　而他居然觉得女朋友好笨，还很幼稚，这点小事叨叨个不停，就不知道自己想办法解决吗？一个劲儿给他发消息，让他觉得有点烦，更别提去安慰她了。他说，其实他和女朋友之间早已激情不再，变得很平淡了。就算几天不见，他也不会很想她，和她在一起，温暖踏实的感觉更多，心动的感觉却几乎找不到了。

　　他也试着去告诉自己，她真的很好，要好好珍惜她，不能辜负她，也想过要和她结婚。再说，他们之间也没有什么重大分歧，一直相处得很和谐。可是，他就是做不到再去全心全意和她在一起，他忍受不了这种一直平平淡淡的感觉，他觉得爱情不应该如此平淡，这样的生活太乏味了。

　　他一想到以后一辈子都要和她这样平淡地生活下去，就会本能地排斥。所以，经过了几番内心挣扎，他最终还是选择结束这段恋情。

　　我问他："你难道就不会后悔吗？这么优秀又这么爱你的女人，要是以后再也遇不到了怎么办？"他说，不知道会不会后悔，但现在的他真的没法去爱她了，再勉强继续下去，自己会很痛苦，对她也不公平，她值得更好的人去爱。

这段话好像还挺让人感动的。他离开她，是为了她好，不想伤害她。但在很多人眼里，小亮这样的男人可能还是会被认为不靠谱，对感情没有担当和责任。

其实，小亮对待每段感情都是很认真、很投入的，虽然谈恋爱的次数有点多，但他都是全心全意地去爱女朋友的，从不会三心二意，更不会脚踏两只船。

当他觉得自己没法再去全心全意爱一个人，宁愿结束关系，也不想继续欺骗她们，所以每次都是和平分手。他对待爱情的态度就是，相爱就在一起，不爱了就分开，不纠缠不争吵，体面开始，体面结束。对于小亮这样的男人，你不能简单地总结为他是个"渣男"，他只是对爱情的认知比较片面，缺少一些爱的能力。

心理学家斯滕伯格提出了著名的"爱情三角理论"。斯滕伯格认为爱情由三个基本要素组成：激情、亲密和承诺。

激情：这涉及身体的吸引和情绪的激发，常常包含性行为，这是爱情中热烈的部分。

亲密：这是人们在一段关系中感受到的亲近程度和连接程度。斯滕伯格用温度作类比，把亲密视为爱情中温暖的部分。

承诺：这是爱情中理性的一面，包括人们为长期维持一段关系而作出的决定，这是爱情中冷静的部分。

斯滕伯格把既有激情、亲密，又在短期和长期都为对方许下承诺的爱恋称为"完美爱情"。然而，并不是所有走入爱情中的人都拥有这三个要素。如果无法同时拥有这三个要素，你们之间可能只是以下六种爱情关系中的一种。

- 喜欢式爱情：只有亲密。双方在一起感觉亲近和温暖，却不会唤起激情或者与对方共度余生的想法。
- 迷恋式爱情：只有激情，缺乏亲密和承诺。只是一方认为另一方很有吸引力，却对对方了解不多，甚至根本不熟，更没有想过将来。
- 空洞式爱情：只有承诺，没有激情和亲密。比如，一些包办式婚姻，纯粹为了结婚而在一起。或者是激情耗尽的爱情关系，既没有温情也没有激情，只是一起搭伙过日子。
- 浪漫式爱情：有着强烈的亲密感和激情，但缺乏承诺。崇尚相爱的过程，而不在乎结果。
- 相伴式爱情：拥有亲密和承诺，缺乏激情。伴侣双方会努力维持深刻、长期的亲密关系，这种爱情表现出亲近、沟通、分享以及爱情关系的巨大投入。相伴之爱的典型例子是长久而幸福的婚姻。
- 愚昧式爱情：缺乏亲密，只有激情和承诺。缺乏亲密的激情和承诺会产生愚蠢的爱情体验。这种爱情会发生在旋风般的求爱中，双方并不十分了解或喜欢对方，却在压倒一切的激情基础上闪婚。

从这六种爱情关系来看，很明显，小亮的爱情一直都停留在浪漫式爱情关系上。他把爱情中的激情成分看得太重，只要激情消失，哪怕他和对方仍有亲密感，他也觉得爱情随之消失了。他把爱情看得太狭隘，无法接受相伴式爱情，无法冷静理性地看待爱情，所以无法给对方承诺，最终每段爱情也就无法走入婚姻。

但即使在最完美的感情关系中，最初的浪漫兴奋也会逐渐发展成为更加稳定、更加深情的关系状态，也就是相伴之爱。尽管激情之爱可以热火朝天，但最终都会平静下来。

一段关系维持的时间越长，它所引发的情绪波动就会越少，浪漫爱情的高潮可能会持续几个月，甚至一两年，但是从来没有一种高峰期可以永久地维持下去。那种新奇感、对对方的强烈迷恋、激动人心的浪漫、那种令人眩晕的"飘在云端"的快感，总会随着时间逐渐消逝。

心理学研究表明，结婚两年的夫妻所报告的情感体验比他们新婚时报告的少了一半以上。在世界范围内统计，结婚四年之后的离婚率是最高的。如果一段亲密的感情能够经受住时间的考验，那么它就会最终成为一种稳固而温馨的爱情，也就是相伴之爱。令人激情迸发的激素逐渐消退，而催产素则会维持依恋感和信任感。

与激情之爱中狂热的情感不同，相伴之爱相对平和，它是一种深层的情感依恋。随着热烈的浪漫之爱逐渐冷却下来，人们经常会感到幻想破灭，特别是对于那些将浪漫之爱视作双方结合和维持长久婚姻基础的人来说，这种感觉会更加强烈。

这类人通常很难与伴侣建立长久稳定的亲密关系，他们执着于激情之爱，会通过重新开始一段亲密关系来维持激情。然而，激情终会退却，每段亲密关系到最后几乎都会发展为相伴之爱，这是自然而然的结果。只有理性地接受这种结果，学会享受相伴之爱带来的另一种幸福体验，他们才有可能拥有稳定长久的亲密关系。

社会心理学认为，互相迷恋的强烈情感的衰减似乎是物种生存的自然适应策略。激情之爱的结果往往使一对夫妇得到孩子，而孩子的存在使得父母不能再只关注彼此。然而，对于那些婚龄超过 20 年的夫妇来说，随着孩子长大成人、开始离开家独立生活，一些曾经失去的浪漫感觉又重新出现了，夫妻可以重新关注彼此。

马克·吐温说过："没有一个人会真正理解爱情，直到他们维持了 1/4 个世纪以上的婚姻之后。"如果一段感情曾经是亲密的，而且互相奖赏，那么相伴之爱就会植根于共同体验的人生风雨历程中，愈久弥醇。几乎所有长久幸福的婚姻关系都离不开相伴之爱，相伴之爱可以持续一生，这才是婚姻的本质。

如果现在的你正对爱情感到困惑，正在为失去激情而感伤，感到美好爱情的幻想正在破灭，不要急于否定这段关系，静下心来感受一下你们之间是否还有亲密的感觉，你和他在一起能感觉到温暖和踏实吗？

如果只是激情消失，暂时无法接受，你有必要冷静下来好好回顾一下，你过去的亲密关系是怎么结束的。你要试着去反思一下自己对爱情的认知是否存在局限性。你对爱情的认知，决定了你对爱情的感受和态度，也决定了你的亲密关系的质量。

请试着打开你的爱情思维，打破对爱情固有的狭隘认知，才有可能产生新的爱情体验，感受到相伴之爱的幸福，让你的亲密关系走向正向循环。

不要对婚姻有太多期待

最近，有个朋友一直向我吐槽，她的老公不懂她的精神世界，两人的精神世界经常不在同一个频道上。我问她："你认为精神世界在一个频道上应该是怎样的？你觉得他当初最吸引你的优点是什么？"

她说："至少他应该知道我心里想的是什么，我说什么，他应该都能理解我。当初他吸引我的主要是他这个人很有责任心和上进心，人品好，对我很体贴。"

"那么，现在呢？他的这些优点还在吗？"我问道。

她说："嗯，他现在依旧如此，工作努力上进，只要他在家，我就不用干任何家务，他还是对我很体贴的。"

我说："那不就得了，你爱上的他一点都没变，他还是那个他，你为什么还要对他有其他要求和期待呢？"她沉默不语。

其实，很多女人在婚姻里都会如此，会不知不觉地把很多期待施加在另一半身上，渐渐忘记了自己的初心。婚姻生活是漫长而琐碎的，久而久之，很多人对自己的伴侣也渐渐失去了原有的新鲜感，有了更多的情感需求，希望对方可以满足自己。

可是，别忘了，在这个世界上，没有任何一个人可以满足你所有的情感需求，更没有一段完美婚姻可以满足你所有的期待。如果你把所有的期望都寄托于一个人、一段婚姻关系，你一定会失望，因为只有你自己才能满足自己的所有期待。

　　我和王先生相爱12年，结婚6年。曾经有段时间，我们的关系也进入了"瓶颈"期。我本身是一个文艺女青年，而且内向敏感，心思细腻，想得比较多。

　　有段时间，我突然对王先生很不满，觉得他这个人不解风情，一点也不懂浪漫，还不会甜言蜜语，甚至有些木讷。我想找的是灵魂伴侣，他是那个人吗？我甚至一度怀疑他是不是真的适合我。

　　有了这种心理以后，我怎么看他怎么不顺眼，完全看不到他的优点。我暗自跟自己较劲，对他也忽冷忽热的。

　　我慢慢回想起自己当初为什么会和这个人在一起，我到底看中了他什么。于是，我的脑海里出现了这样的一幕幕。

　　他会坐在一个地方拿出一袋核桃，一边看着球赛，一边剥完整袋的核桃，自己一点都不吃，全都放在杯子里，留给我吃。在大学四年里，他几乎每天都会陪着我上自习。因为我喜欢读书，他就申请了图书馆管理员的工作，这样我就能每天随时随地在图书馆里博览群书。

　　在大二时，我有一次无缘无故发热，连续五天低烧不退。他每天带着我去医院挂吊水，时时刻刻都在我身边照顾着我。他买了豆浆机，每天榨豆浆给我喝，还用电饭煲给我煮稀饭、煮面条，送到我的寝室。

我的室友们都被他这日复一日送餐的坚持惊呆了。他正直善良、积极进取，总是无条件包容、支持、体贴我，时时刻刻把我放在心上。我和他在一起也感到从未有过的放松自在，可以一直做真实的自己。

这些不都是我看上他的闪光点吗？为什么我会对他要求越来越多？既希望他是一个温柔体贴的暖男，又希望他是一个幽默风趣、深谙女人心的浪漫男人。如果期望越来越多，失望也会越来越多，两人都会越来越累，关系也就渐行渐远。

当我不再有所求，开始把注意力转移到自己身上，努力发展自己时，我发现在我变得越来越好的同时，看他也越来越顺眼了。当我专注于做自己喜欢的事，把每一天过得充实而满足时，我根本没有多余的时间和精力，再去想他应该要怎样对我。

而他仍在默默地为我做着一切，总是主动做饭、洗碗、拖地，让我腾出更多时间来写作。他经常在我写稿时默默地端上一杯牛奶、一盘水果，然后轻轻地关上门。他也会在重要的日子里，给我一个个惊喜。

有了宝宝以后，他更是成了全能奶爸，日常给宝宝换尿不湿、洗屁屁、穿衣服、陪玩、讲故事、哄睡，驾轻就熟。只要他在家，带娃的事从来不用我操心，甚至于我们带娃出去洗澡时，别人问：是不是在家，爸爸带娃更多呀？因为他带娃太娴熟了，总是围着娃忙前忙后。

虽然他很少会说甜言蜜语，但是这种十年如一日细节上的关怀，对家庭的付出，胜似任何言语。他能给我充分的自由，支持我去发展自己喜欢的事业，按照自己喜欢的方式去生活，不断给我鼓励，以实际行动做我最强大的后盾，我还有什么不知足的呢？

在婚姻中，如果你对伴侣期待太多，很容易让自己陷入无穷的期待，看不到伴侣当下所做的一切。你的注意力都集中在对他的各种期待上，从而忽略了伴侣已有的优点，如果你总是带着挑剔的眼光去看他，就会越看越不顺眼。他也一定能感受到你的这种不满情绪，想要逃离你。这无疑会破坏你们之间的亲密关系。

心理学上有个"比较水平"的概念，说明太高的期望会对我们的亲密关系产生很大影响。前文有提到相互依赖理论，该理论假定每个人都有一个与众不同的比较水平，即我们认为自己在与他人的交往中应当得到的结果值。比较水平是衡量我们对亲密关系满意度的标准。

如果交往结果超过了你的比较水平，你就会觉得很幸福；相反，如果交往结果低于你的比较水平，即使这个交往结果其实相当不错，甚至已经比大多数人好很多了，你还是会不满足。也就是说，即使你在这段亲密关系中获得了很大的收益，你的伴侣足以迷倒众人，但这个收益结果没有大到足够满足你的期望，你仍然不会感到幸福。

有心理学研究者追踪了 82 对新婚夫妻 4 年，结果发现最幸福的夫妻是那些从一开始就对婚姻生活有着现实看法的人。相比之下，那些持有不现实的积极期望的夫妻，一旦蜜月期结束，往往就会非常失望。

研究还发现，幸福的配偶会控制自己的期望，所以他们的比较水平不会太高。很多不幸的婚姻关系都是源于太多不合理的期待，过多的期待会导致人们的比较水平过高，纵使婚姻很美满，人们也很难满足，导致幸福感很低。

有人或许会问：难道我对婚姻不能有任何期待吗？那婚姻还有什么意思？你当然可以对婚姻有期待，毕竟人生来就会对亲密的人拥有更多期待。你决定和一个人走入婚姻，肯定对婚姻生活是充满期待的。适当合理的期待能够促进亲密关系的发展。但是，你要注意控制你的期待，不要有太多不切实际的期待。比如，你的另一半毕业才三年，年薪 30 万元。你却期待他能马上年薪百万元，那怎么能实现呢？又或者你的另一半工作很忙，很能赚钱，你又期待他能有更多时间陪你，这也很难平衡，不是吗？

随着现实情况的不断变化，你可能需要不断调整你的期待，要使你的期待与现状匹配，不要让不现实的期待蒙蔽了自己的双眼，忽视了另一半的优点。

不对婚姻有太多不合理的期待，你才能专注于当下的婚姻生活，看到已经拥有的幸福。你的比较水平不太高，对亲密关系的满意度才能一直维持在较高水平，幸福感也就更强。

婚姻中的多数矛盾，是因为彼此的需求没有被看见

在爱情中，很多时候，"懂得"二字比"爱"更奢侈。爱一个人，并不一定能懂他，但懂一个人里面一定藏着爱。很多夫妻最后分崩离析并不一定是彼此不爱了，而是缺乏懂得。看不见彼此的需求，会让两个人相处起来很累，也感觉不到来自对方的爱。

最近，朋友许诺和她老公高翔在闹离婚，两个人在这段关系中都很痛苦，经常一言不合就吵架。自从他们有了孩子后，矛盾就不断升级。许诺和婆婆的关系一直不好，甚至在月子里和婆婆大吵了一架，陷入决裂状态，婆婆便再也没有去看过孙女。

这次吵架也让许诺对高翔寒了心，她觉得自己辛辛苦苦十月怀胎生下孩子，月子里正是虚弱的时候，需要家人关心，婆婆对自己冷嘲热讽也就算了，老公也不帮自己，总是向着婆婆。

她觉得自己在这个家就像个外人一样，每次和婆婆发生争执，老公都是和婆婆站在一条线上，让她妥协，让着点婆婆，却从来都看不到她的委屈和受到的伤害。

只要聊起婆媳关系的问题，她的老公就非常抵触，觉得她小

题大做。哪怕现如今闹到离婚的地步，她只是想要他一句道歉和保证，保证以后如果再出现婆媳问题，他能公平处理，坚定地表明自己的态度，维护一下她，她就可以不离婚。可是，高翔却觉得她这是在威胁自己，他讨厌被威胁的感觉，两人的沟通再度陷入僵局。

许诺找到我，希望我能出面找她老公聊聊，因为他们现在根本无法沟通，只要一沟通，准会争吵。于是，我和她老公高翔约了时间，进行了一场长达两个多小时的访谈。

在我和高翔的访谈中，主要是他说，我听。适当的时候会给予一些提问，引导他继续说下去。他几次说到动情处都哭了，可见他在这段婚姻中也压抑了很久。从和他的沟通中，我能看出，他其实还爱着许诺，只是对于婆媳关系他也非常无奈，不知道该怎样处理。

他说，他妈妈一直很辛苦，为家庭付出了太多。他妈妈年轻时不被他奶奶待见，他爸又常年在外打工，全靠妈妈一个人把他和几个姐姐拉扯大。从小，他妈妈对他就特别好，给了他全部的爱。

因为积劳成疾，他妈妈落下了一身病，还患有严重的高血压，不能情绪波动太大，更不能动怒。所以，他一直顺着妈妈的心意，尽量不让她生气。他实在做不到忤逆妈妈，也不忍心和她对着来。

他觉得，他只是在婆媳问题上没有完全顺着许诺的意思，但是在其他方面，他一直都是以许诺为中心，千依百顺。

他说，在家都是他做家务，为了让她忙事业，也总是他带孩子，给她留有很多时间和空间。他为了对她好，快要失去自我，完全无原则、无底线了，为什么她就不能因为爱他，对他妈妈多点包容，还要这样逼他呢？

他认为，许诺根本就不爱他，一直都是自己在一厢情愿地过度付出，导致现在他只要不顺着她的心意，她就受不了。我问他，既然你觉得她不爱你，为什么还要继续和她在一起？他哭着说："因为我还爱着她啊，她还给我生了那么可爱的宝宝，她是我的妻子啊，我舍不得和她分开。"

我又和许诺深聊了一次。她也承认，在这段关系中，确实一直是高翔付出比较多。她的重心都在事业上，对他疏于关心，有了孩子以后，更是把他的位置排在了最后。

她自己也不太确定，现在是否还爱着他。因为她一次次在婆媳斗争中受到伤害，他却不作为，让她一次次对他感到失望。失望的次数多了，她就对他不再信任和依赖了。

她觉得自己在这个家，根本不被他的家人尊重，永远都是外人。纵使婆婆对高翔再好，对自己不好也是事实。即便婆婆是长辈，是他的妈妈，这也不是可以随意伤害她的理由。难道嫁给一个人，就得忍受他家人对自己的百般伤害和不尊重吗？她做不到。

她说自己是一个新时代的独立女性，有自己的尊严和原则，无论是谁侵犯了她的底线，她都不想轻易妥协。她没有必要为了一个人，委屈自己一辈子。如果高翔在这点上拎不清，他们就没法继续谈下去。

说到底，高翔和许诺最大的矛盾焦点还是在于彼此的需求没被对方看见和理解。对许诺来说，她渴望得到的是尊重和理解，渴望高翔可以看见她受到的委屈和伤害，尊重她的原则和底线，理解她的追求。

而对高翔来说，他一直有个执念就是，为什么许诺不能因为爱他，就对他妈妈多包容些。他渴望得到许诺的在乎和亲密，来证明她是爱他的。他们都在等着对方来满足自己的需求，谁也不愿意妥协，所以一直僵持不下。

后来，我把他们彼此的需求给他们分析了一遍。我告诉高翔："婆媳问题是很多婚姻关系中都会出现的问题，可以说是千古难题。在这个难题里，你的态度很重要，你要意识到，不管你妈妈对你有多好，有多重要，你妻子的位置也不能被动摇，应该是排在第一位的。

"你只有坚定地维护你的妻子，让你妈妈看到你真的很爱她，很在乎她，和她是一条心的，才能让你妈妈真正意识到，她的儿子早已长大，已经有了自己的小家庭，她应该退出你们的婚姻关系，不再干涉。

"否则，她总会觉得你们才是一家人，你的妻子是外人。许诺总是觉得自己是个外人，是你不够坚定的态度造成的。或许这个过程很难，但你必须认清这点，慢慢向你妈妈表明你的态度。

"可能刚开始，她很不适应甚至生气，觉得自己的儿子好像不听话了，但这是一个必经的过程，也是所有母子关系发展的必经之路。你得让你妈妈知道，你的妻子是你生命中最重要的人。时间长了，她会慢慢意识到这点，不再过多干涉你们。你的态度，直接影响你妈妈对你妻子的态度。

"许诺不愿意在婆媳关系中妥协，并不能说明她不爱你。爱一个人并不一定非要牺牲自己的原则和底线，她有她的尊严和傲气，你如果爱她，就应该懂得这点。并不是每个儿媳都得对婆婆伏低做小。想要许诺对婆婆好点，也得婆婆懂得尊重她，这些都是相互的。你要放下这个执念，看见许诺内心的需求，你们才能继续下去。"

同样地，我也给许诺分析："高翔从小在那种家庭环境中长大，导致他从不敢对妈妈说'不'，就像他在婚姻关系中事事顺着你一样。他不是不理解你的委屈，只是不知道应该如何处理这种问题，这可能是因为他在这方面的情商不够。

"面对生命中最重要的两个女人，他不知道该如何自处。你如果还愿意和他走下去，就得给他一点时间和信任，也给他一些鼓励和支持，看见他的内心需求，让他知道自己不是在孤军奋战。你要一直在他身边陪伴着他，让他知道你是爱他的，只有夫妻同心协力，才能跨越婚姻中的一切障碍。"

其实，像高翔和许诺类似的问题，在很多婚姻关系中都存在。很多人只顾着坚持自己的需求，看不到对方的需求，各自的情感需求都得不到满足，感情就会出问题，矛盾也会不断增加。

归根结底，亲密关系中出现的问题本质上都是需求的问题。每个人在关系中的需求都是很复杂的，大多数人可能会把对方的需求看得比自己的重要，并且不断压抑自己的需求，不和对方坦诚沟通，寄希望于对方能够主动看见自己内心真正的需求。

我们完全可以表达彼此的需求，进行良好的沟通，并根据彼此的需求做出调整。我们需要持续地看到彼此在需求上的差异，而不是无视或误解，当彼此的需求都得到重视时，两个人就会觉得自己是受到尊重和被爱着的。

心理学上有个概念叫"心理可视性"，即对一个人内在需求的理解和认可。心理学家纳撒尼尔·布兰登教授在他的著作《罗曼蒂克心理学：在一个反罗曼蒂克的时代里》中认为，无论是友情还是爱情，"心理可视性"都是爱能够持续并产生价值的基石，也就是我们"心理意义的自我"能够被看见。

布兰登教授将罗曼蒂克之爱定义为："人和人之间在精神上、情感上和性方面产生的强烈依恋，它是一方对另一方高度认可的反应。"经历着罗曼蒂克之爱的恋人，会对伴侣有强烈的感情倾慕，有精神上的依恋，并为对方的价值观、外貌等特质所深深吸引。

心理可视性是罗曼蒂克之爱的核心和基础。在一段成功的罗曼蒂克之爱的关系里，双方都能拥有可视体验，都能感到自己的内在需求被对方看见，内在自我被对方接纳。反之，如果缺乏心理可视性，爱可能无法产生，或是无法长久生存。

布兰登教授将罗曼蒂克之爱视作一个人走向自我完善的重要路途。罗曼蒂克之爱确实存在，也可以长久，只是我们需要对罗曼蒂克之爱投入努力，去看见对方内心真正的需求，去给予对方真诚的反馈。

为了增强你们彼此的"心理可视性"，看见彼此的内心需求，你们可以尝试以下几种做法。

1. 情感验证，承认和理解对方的情绪

"情感验证"指的是对一个人的内部体验表示理解和接受。这种体验并不代表同意、允许和认可，而是一种对其"存在合理性"的承认，以及一种理解的尝试。具体来说，你们可以尝试运用以下技巧去验证对方的情感。

（1）准确地反馈。你尽可能使用疑问句，而不是武断地给他的体验下定义。要记得这样做不是为了判断，而是为了理解。比如，对方生气了，你可以问他："你生气了，是因为你觉得我没有满足你的期待吗？"而不是说："有什么好生气的，你在生什么气？不要总是小题大做。"你要去看见对方情绪背后的情感需求，而不是直接否定他的情绪。

（2）表达理解。试着站在他的角度去思考问题，基于他的性格和经历出发，去思考此刻的他为什么有这样的反应，做出这样的选择。比如，高翔看到许诺在婆媳问题上受到的伤害，他可以对许诺说："我知道你受委屈了，你觉得我没有维护你，对我很失望。你一直是一个很独立的女性，有自己的想法和主见，我理解你为什么这么伤心，我也很心疼你，请给我一些时间。"如果他可以第一时间对许诺的情绪表示理解并给予安慰，许诺也不会对他失望透顶。看见并理解对方的情绪，也就看见了对方内心的真实需求。

2. 进行深层次的亲密对话

很多伴侣进入婚姻后，彼此之间的对话都是局限于日常琐事。比如，"今天吃什么？""你睡了吗？"就像是例行公事一样，这些"例行公事"仿佛代替了人们更加重要和真正感兴趣的问题。

当分享不再是出于情感冲动，而是成了可有可无的日常寒暄，那么，你们就会离彼此的内心世界越来越远。所以，你们要经常性地进行更深层次的亲密对话。

第一，当发生一件事时，你需要真实地表达自己此时内心深刻的感受。深刻的感受不是指我们对这件事的看法与判断，而是关于我们内在的感受。有时候，一直揪着外在发生了什么，会阻碍我们去理解彼此内心世界正在发生的事。

比如，当你看见伴侣在打游戏，你不要说："你怎么又在玩游戏，你总是这么不思进取，打游戏的时间不能好好学习或者陪陪我吗？"你可以说："你好像很喜欢打游戏，这让我觉得自己似乎没有你的游戏重要，我觉得很委屈，还有点生气，我感觉自己被你忽视了。"这种深层次的表达要非常及时，它需要你快速地识别自己的内心感受，并向对方真实地表达出来，这样对方才有机会理解你的内在世界。

第二，你的感受一定是基于当下产生的，而不是基于过去或未来。很多伴侣在吵架时喜欢翻旧账，把陈芝麻烂谷子的事都拿出来讲，或者喜欢讲未来。比如，当伴侣忘了给自己过生日，有人会说："你根本就不在乎我，你都忘了好几次我们的重要纪念日了。还记得上次吗？我们约好了一起过纪念日，你却加班给忘了。"这种表达就是脱离当下的，这种脱离当下产生的感受往往带给你们的不是深入了解，而是苦恼，因为当下的问题无法解决，带来的苦恼也无法消散。

你需要表达此时此刻的感受，你可以说："你是不是很忙？你忘了给我过生日，这让我觉得很难受、很伤心，我感觉自己被你忽视了，这种具有纪念意义的时刻对我来说很重要，我希望和你在一起度过每一个有纪念意义的时刻。"这时，伴侣就会了解到原来有纪念意义的时刻是你内心非常看重的，他也就理解了你内心的真实需求。

很多时候，你看重的事并不一定对方也很看重，但并不代表他不在乎你。你需要准确地表达出来，让他有更多机会深入你的内心世界，看见你的情感需求。

"被看见"，是每个人最基本的需求。如果你在亲密关系中没有"被看见"，即使对方说爱你，你也感觉不到爱。每个人对"心理可视性"的渴望其实就是渴望伴侣能够看见自己的内在需求，理解自己的内心世界。很多人终其一生，也不过是渴望能与一个可以"看见"自己的人相伴一生。

如此，那些受过的委屈、经历过的痛苦、流过的泪，都会在"被看见"的那一刻彻底释怀。如果你想拥有真正亲密长久的婚姻关系，不妨努力试着去"看见"对方，走进对方的内心世界。

幸福婚姻的终极秘诀，是建立深厚的友谊

在我们的孩子一岁半的时候，王先生又去外地工作了，这是我们结婚以来，他第二次去外地工作。每到这个时候，总会有好心的朋友提醒我，夫妻异地，感情很容易出现问题。特别这还是生完孩子以后的第一年，更容易出问题。

我只是笑笑，不置可否。关于异地恋，如果从我们相爱时算起，应该有三次了吧。我和王先生的爱情始于校园，我们大一时就相爱了。毕业后，我们去了不同的城市工作。实际上，他在大四时就出去工作，我们就不在同一个城市了。

校园爱情很多时候并不被人看好，是因为人们多少带着些学生气，也就意味着不成熟。很多校园爱情的结局都是毕业就分手，或者工作后随着距离越来越远，两人分道扬镳。

我和王先生的爱情自然一开始也不被看好，大家都觉得我们分手是早晚的事。当时的我们当然也有考虑到距离的问题，但我们最后都觉得爱一个人不应该成为彼此的束缚，更不能因为爱放弃自我成长的机会。

于是，我们就这样开始了两年的异地恋。那个时候，我去过

广州、武汉，最后才定在合肥。我们会约定两个星期见一次面，要么我去他的城市，要么他来我的城市。我每次都会很期待和他见面的日子，到了可以相见的那个周五，下班后，我基本都是一路小跑到地铁站，坐上高铁去见他。

到现在，我依旧能够记得每次相见后的心情：欢喜，安心，温暖。我们的感情并没有因为异地而产生什么问题，反而越来越亲密，距离好像成了感情的发酵剂，让我们更加笃定，我们就是彼此的另一半。

我们虽然不常见面，但每天都会有交流，他会在每天早上跟我说早安，中午12点也会打来一通电话，晚上睡觉前也会聊上一会儿，互道晚安。两年多异地，1000多天，几乎从未中断。

记得那时，同事们都知道到了中午12点，如果我的手机响了，一定是王先生来电话了。他们都打趣我，这个节奏比闹钟还准时。现在回想起来，这段两年多的异地恋，居然成了我们爱情故事里特别美好的回忆。

我们毕业两年后结束了异地恋，走入了婚姻的殿堂。只是结婚不到一年，王先生又去外地工作，我们又开始了异地分居的生活。当然，这个时候依旧有好心的同事对我说："结婚了，男人更有恃无恐了，你要看好他。"

我很感谢同事的提醒，但我对我们的感情很放心，毕竟经历了这么多，我们对彼此都非常了解，也建立了很牢固的信任。信任，是婚姻的基础，没有信任，幸福也就无从谈起。我们依旧保持老习惯，每天互道早安、午安、晚安，雷打不动。

我至今仍觉得，这样的仪式感或者说习惯对维护我们的感情很有帮助。再好的感情也需要花心思经营，花时间交流。毕竟，不在彼此身边更需要多交流沟通，了解彼此工作生活的细节，分享彼此的喜怒哀乐和成长，就好像参与了对方的生活，并没有人缺席。

两个人无论是否在一起，精神世界的交流一定要有。我知道你需要什么，你的生活中发生了哪些事，内心深处渴望什么；你也了解我真正想要什么，我的梦想是什么，我们共同的目标是什么。

只要彼此分享精神世界，对未来的共同目标是一致的，就算不能时常在一起也能保持同频。有些伴侣虽然每天都在一起，但缺乏沟通交流，彼此并不了解，心未必在一起。

空间的距离，并不代表心与心的距离。而感情的深厚长久，恰恰看的就是心与心之间的距离。你们的心很近，你们之间建立了深厚的友谊，空间的距离也就没有那么重要了。

拥有深厚友谊的夫妻熟知彼此的世界，互相有很深刻的了解。著名心理学教授约翰·戈特曼把这种充满丰富生活琐事的区域称为"爱情地图"，这个术语是指我们的大脑中存放所有关于配偶的生活信息的地方。

这些夫妻为他们的婚姻制造了大量的认知空间。他们记得对方人生中的重要事件，当配偶世界中的事实或感受发生变化时，他们会及时更新这些信息。他们往往对对方有着非常细致的了解，熟悉对方的好恶、怪癖、希望与梦想，他们长久地关注对方，不仅在大事上，也在小事上表达这种喜好。

心理学家艾莉森·夏皮罗对 50 对夫妻的研究表明，67% 的夫妻在首次为人父母时都有婚姻满意度急转直下的经历。但是，仍有33%的夫妻没有这种经历。事实上，这33%的夫妻中有一半婚姻状况反而得到了改善。而这33%的人就是那些从一开始就拥有详细的爱情地图的夫妻，他们在第一个孩子出生后，婚姻仍然很幸福。

这些爱情地图紧跟在剧烈的动荡之后，保护着他们的婚姻，因为丈夫和妻子已经习惯不断更新对方的生活琐事，且能专心致志地关注彼此的感受和想法，所以他们从未偏离航道。但是，如果你没有深刻了解配偶就踏上婚姻之旅，当你的生活出现突如其来的重大改变时，你们的婚姻就很容易迷失方向。

对那些没有详细的爱情地图的夫妻来说，孩子的出生只是导致他们迷失方向的生活事件之一。任何大的改变，从工作的变动到生病或退休，都有同样的效果，甚至单单是时间的流逝也能起到这个效果。

就拿我和王先生来说，我们虽然不经常在一起，但我们每天都会交流沟通，对彼此世界发生的事了如指掌。他会知道我在工作中最讨厌哪个同事，我最好的朋友是谁，我最近喜欢听谁的歌，最喜欢看的书有哪些，我每天的心情如何，我喜欢吃什么，我又买了哪件新衣服，我喜欢做什么，我的梦想是什么，等等。同样，我也如此了解他。这份基于深刻的了解建立起的友谊，正是我们婚姻关系最坚实的基础。越了解彼此的内心世界，夫妻感情就越深厚，回报也越丰厚。

夫妻之间的深厚友谊会成为避免冲突的有力屏障，它也许不能事先阻止每次争吵，但是它可以防止你们因意见分歧而破坏关系。当你尊重对方时，即使你不同意对方的观点，你通常也能欣赏他。

戈特曼教授的研究表明，在最牢固的婚姻中，丈夫与妻子有着很强的共识，他们不仅相处融洽，而且相互支持对方的理想和抱负，并将这作为他们共同生活的一个目标。

在一份研究中，拥有 15 年以上长久婚姻的夫妻，在被问及维持关系的秘诀时，大多表示"我的配偶是我最好的朋友"（Lauer & Lauer，1985）。更有学者指出，当人们处于友谊浓度较高的关系中，他们更尊敬伴侣、更在意关系，甚至在关系中实现自我拓展（Lewandowski，2020）。也就是说，这些人不但拥有稳定美满的关系，还能在爱人的关注下变成更好的自己。

> 由于我和王先生彼此充分了解，懂得欣赏对方，支持对方的理想。所以，在我因为不喜欢自己的工作，裸辞四次时，他从来不会说我什么，都是默默地鼓励我、支持我，让我从财务工作者成功转型为自由撰稿人。
>
> 当他裸辞创业时，我同样也能理解和支持他的选择，无论他是成功还是失败，我都相信他。在彼此迷茫困惑时，我们会给对方指点和建议，开导对方，默默陪伴。我们对婚姻生活有共同的目标，彼此赋能，帮助对方成为更好的自己，为更美好的未来共同奋斗。
>
> 我们在一起的 12 年共同经历了生活中很多风风雨雨。有过身无分文还欠债的时候，有过因为生病而四处奔波求医的时候，有过因为孩子的降临而生活变得一团乱的时候，我们始终相互扶持，共同面对生活的刁难，为了更好的生活一起努力。

有研究显示，"80 后""90 后"与"60 后""70 后"的婚姻观大不相同。对前者来说，在影响他们决定进入婚姻的因素中，彼此的投入和陪伴明显比为了获得经济上的稳定和生儿育女更加重要（Wang & Taylor，2011）。也有研究指出，"80后""90后"比"60后""70后"更喜欢与自己受教育程度相同的人结婚。随着性别平等观念的普及，女性普遍受教育程度更高，不再需要依赖男性获取社会资源（Barroso et al.，2020）。

更多的女性希望在婚姻的权利动态中可以感受到"双方的爱好都受到重视""能够自由自在地展现自我而不是矫揉造作""珍视彼此的才能和决定"（Barroso et al.，2020）——这正好与好的友谊特征"平等、真实、尊敬"不约而同（Davis & Todd，1985）。

从本质上来说，缺乏友谊之爱的内核是缺乏亲密的互动、平等的沟通以及对彼此深入的了解。只要在长期的相处中，一直让关系处于"一方不分享、另一方不过问"的状态，即使肢体上依然同床共枕，心灵上也无法真正看见彼此的世界。

如果你们之间没有建立深厚的友谊，现在建立也还来得及，深入交流沟通，增加对彼此的了解是最核心的部分。你们可以尝试以下几种方法。

1. 经常性轮流说

夫妻双方每人倾诉15分钟。可以倾诉你目前的烦恼，你内心的渴望，以及你对未来的期待，等等。总之，要试着让对方了解你的内心世界。

2. 表示你对伴侣真的感兴趣

积极倾听对方，彼此交流时不要心不在焉，东张西望，要把注意力放在伴侣身上，要有眼神交流，要适时点头，要说"嗯""啊"之类回应的话。

3. 表示你的理解

比如，当伴侣诉说自己的苦恼时，不要急于提建议。如果迅速为伴侣遭遇的困境提出解决办法，对方可能会觉得你把问题淡化了或是不关心这个问题。你首先要与他共情，可以说："真糟糕！我也觉得压力太大了，我知道你为什么会有这样的感觉。我很心疼你。"这会让伴侣觉得你真的有理解他，给他带去心灵的慰藉。

4. 表达一种"我会一直陪着你"的态度

如果伴侣感觉自己是在独自面对一些困难，你要表示你们是休戚与共的，要让对方知道你们是在共同面对这个问题，给他力量。

5. 表达欣赏爱慕之情

拥抱伴侣，把胳膊搭在伴侣的肩膀上，说"我爱你""我支持你""你一直都很棒"。对维持一段有价值的、长久的婚姻关系而言，喜爱和赞美是两个非常重要的因素。

作家兰德斯说过一句话：沉迷于色欲和真正的爱情之间有着很大的差别，爱情比纯粹的激情更为深刻和丰富。爱情构筑在宽容、关爱和沟通基础之上，爱情是"熊熊燃烧着的友谊"。

当你们建立起深厚的友谊后，你会发现，你们的婚姻城堡变得坚不可摧，因为它才是幸福婚姻的终极秘诀。

久处不厌的婚姻，有可能做到吗？

　　我和王先生在经历了 4 年校园爱情和 2 年异地恋后走入婚姻，如今到了结婚 6 周年纪念日。相爱 12 年，朋友们都很好奇，为什么我们在一起这么久了，看起来还像初恋小情侣般美好甜蜜。

　　很多朋友每一次见到我们，都会被甜到，这种甜蜜可以从很多细节里捕捉：我过马路时，王先生总是会不自觉地牵起我的手；吃饭时，他总会将我喜欢吃的菜夹到我的碗里；一起买菜购物时，他从不让我拿任何东西，说干体力活就是他的事；和我说话时，他总是笑呵呵地看着我，一副认真的表情……我的朋友们将诸如此类小细节看在眼里表示很羡慕，她们说也好想有这样的一个人能和自己携手到老。

　　乍见之欢容易，久处不厌却不容易。两个相爱的人在一起时间长了，尤其是走进婚姻以后，很容易被很多具体的琐事渐渐磨掉了爱的激情。久处不厌，有可能做到吗？

　　久处不厌就是两个人在一起感觉非常放松自在，每一天都因为他在身边而感觉特别踏实安心，喜欢和他待在一起，怎么都不会腻。每天都想看到他，和他一起吃饭聊天，总是有说不完的话。在他面前，你可以不顾形象地嬉皮笑脸，可以毫无保留地畅所欲言，也可以卸下伪装泪流满面。

其实，久处不厌并不是说你们之间一定要亲密无间，恨不得一天24小时都待在一起，而恰恰需要你们保持一点距离感。也就是说，久处不厌是距离感和亲密感保持相对平衡的一种情感状态。只有保持恰到好处的距离，拥有浓而不腻的亲密，你们的婚姻才能做到久处不厌。

亲密和独立是人类存在的两大基本需求，贯穿我们的一生。在亲密关系中也是如此。对亲密的需求，意味着我们需要与伴侣保持一种亲密感。对独立的需求，则意味着我们也需要有自己的个人空间，需要与伴侣之间保持一定的距离感，保持自我的独立性。

虽然我们成为伴侣，但是并不代表彼此之间就要无所不言，事无巨细地向对方汇报。在结婚之前，我们是独立的个体，结婚之后，我们依旧是独立的个体，只是我们的关系让我们多了另一个角色：爱人的伴侣。我们首先是自己，然后才是彼此的伴侣。

我和王先生结婚后，我们依旧有充分的个人独处时间去做自己喜欢的事，我有我的写作圈子，他有他的篮球圈子，很少会彼此干涉，也不会刻意地待在一起。

当我在忙着自己的事，沉迷于写作时，我们可能一天下来都说不上几句话。除了吃饭睡觉，我把自己关在书房里，一写就是一个白天，甚至晚上还会继续写。他非常尊重我的个人空间，从不会打扰我，还会自觉包下所有家务活，给我充分的时间和空间完成自己的事。

他可能不知道我具体在忙些什么，但会默默支持我，不会多问。我一般会在恰当的时机跟他分享我的阶段性成果。他忙的时候也是一样，我也不会细问，给他充分的时间和自由让他去忙自己的事。这是我们保持独立自我的一种生活方式，我们都需要在自己的领域，实现属于自己的价值。

结婚九年的刘若英曾在《我敢在你怀里孤独》一书中，描绘她和钟先生婚后的生活状态：两人一起出门，去不同的电影院，看不同的电影。而后两人一起回家，进家门后一个往左，一个往右。两个人有各自独立的卧室和书房，共用厨房和餐厅。这其实也反映了夫妻双方的独立需求，即使两人结婚了，感情很好，也依旧可以保持某种程度上的独立，而不影响双方之间的亲密感。

婚姻中的两个人都可以拥有自己的小世界、小圈子，这种恰到好处的距离感，会让对方一直对你有兴趣。两人在自己的小世界里不断成长，渐渐变成更好的自己。这种新鲜的神秘感，会让对方总是带着好奇心去关注你，越发地心生欢喜。

除了给彼此独立的个人空间来满足我们的独立需求，我和王先生也会有一些特定的情感表达方式满足彼此的亲密需求。比如，我们会经常对对方表达自己的欣赏，说一些赞美对方的话。当我做成一件事时，王先生会对我说："你一直都很聪明又非常努力，什么事都难不倒你。你的爆发力和潜力一直都很大。"王先生要是做成一件事，我也会及时夸他："你简直太厉害了，不愧为我选中的人，我真是越来越爱你了。"

经常赞美伴侣会让伴侣觉得你很懂他，他的自我价值感就会得到满足。我们都需要在彼此的爱中寻求认同感，互相解读彼此存在的意义。对维持一段有价值、长久的婚姻关系而言，喜爱和赞美是两个非常重要的因素，因为这是一种非常积极的情感表达方式。

情感表达不论是语言的还是非语言的，都是很重要的。经常赞美对方是用语言表达情感，除此之外还有非语言的情感表达方式。比如，我们可以给对方一个拥抱、一个吻等肢体接触，也可以一起做一些有意义的事，一起看电影、一起跑步、一起做饭、一起打扫卫生……享受二人世界的温情美好。

情感交流对于爱人来说在很多方面都是有益的。罗纳德·B.阿德勒在《沟通的艺术》书中写道，在一项研究中，已婚和同居的伴侣被要求在六个星期的时间内增加接吻的次数。与对照组相比，那些频繁接吻的伴侣不仅降低了压力水平，也提升了两人关系的满意度。

其他研究也显示，无论是当面表达还是编写出来，用语言表达情感也有着与接吻类似的生理效应。我们每个人都有一个情感账户，当爱人中的一方存入足够的量，我们的情感账户就会很富有，彼此之间能感觉到满满的爱，感情不断升温。

研究显示，做一些浪漫的事，比如凝视爱人的眼睛，依偎着坐在一起通常会引起我们心中浪漫的感觉。因此，伴侣之间经常进行情感表达是很有必要的。纪念日的时候，精心给对方准备一个小礼物，哪怕是做一顿大餐犒劳一下对方也是一种表达爱的方式；每年相约一次旅行，哪怕只是周边游，也是一种让两个人感情升温，幸福指数飙升的方式。

两个孤独的灵魂因为相爱而相互取暖，变得更丰富，在生活的点点滴滴中传达爱的温度。因为总是能体会到温暖的感动，就会有一次次的心动，如初见时的心动让双方都能时常体会到爱的浪漫，增强彼此之间的亲密感。

亲密和独立，是关系的一体两面，不可分离。一旦两者失去平衡，无论是太过依赖还是太过疏离，都会导致亲密关系出现问题。太过依赖会让我们渐渐失去自我，婚姻关系会成为一种束缚。太过疏离，会让我们越来越疏远，体会不到亲密感，婚姻关系也就变得可有可无。

只有同时满足独立需求和亲密需求，婚姻关系才能不断迸发出新的活力。亲密有间，保持自我，才是亲密关系最好的状态，才能拥有久处不厌的婚姻关系。人生若只如初见，我们可以比初见时更美好。

良好亲密关系的本质是平衡

每一段良好稳定的亲密关系，其实双方都是处在相互平衡的状态。世界知见心理学大师杰夫·艾伦在《亲密关系的秘密》中写道："所有关系的最大课题是：亲密和依赖的拉锯。这场争斗的结果就是一方在情绪上变得十分依赖，即使双方各自在很多领域都很独立，在一段关系中也不可能同时有两个非常独立的人，因为所有关系都是相互平衡的。"每一段关系都有自身的平衡之道，而且在这种平衡状态下，更深的层次里总是有某种共谋的部分。

的确如此，我们会发现很多亲密关系出现问题本质上都是亲密和依赖的拉锯战，一方过于依赖，另一方过于独立。

我的一位读者朋友沈月曾写信告诉我，她和她老公唐明的婚姻故事。沈月和唐明结婚十年，如今的婚姻状态让她感到非常绝望，她不知道自己到底做错了什么，让唐明越来越想逃离她。她越是想拼命抓住他，他就逃得越远。很多时候，她感觉自己像是在唱独角戏，想要跟他沟通，却不知道怎么沟通。常常一沟通情绪就上来了，跟他吵架，他连吵都懒得吵，反应冷漠，好像面对的是一堵墙。

她认为自己做得很好，在外人眼里，她是精明能干的太太，把家庭照顾得很好。但她内心深处最渴望得到的是来自老公唐明的认可，她希望唐明因此更加爱她，离不开她。但唐明并没有满足她的情感需求，也没有表现得如她期待的那样与她更亲近，他反而比刚结婚那几年更疏远自己了。

她特别忍受不了唐明频繁出差，希望他能换一份不用出差的工作。每次唐明出差，她都会抱怨这件事，恳求唐明不要出差，有时甚至会大闹一场。唐明出差后，她也总是问能不能早点回来，对他的行踪进行盘问，但凡他很久没回消息，她就会情绪激动。这导致唐明出差的次数越来越多，时间也越来越长，好像在刻意躲避她，沈月甚至怀疑唐明是不是有了外遇。

沈月和唐明的情况就是典型的依赖和独立的拉锯战。沈月是依赖型伴侣，唐明是独立型伴侣。一般在亲密关系中，都会存在这两种类型的伴侣，但唐明和沈月的情况已经达到了独立和依赖的两极化。

他们的亲密关系陷入了"追逃模式"，一个拼命追，另一个拼命逃。依赖型伴侣追得越紧，独立型伴侣逃避得越厉害。简单来说，"追逃模式"就是指一方抱怨索取，另一方回避拒绝；一方情绪激动，另一方表现冷漠。就好像是猫追老鼠一样，一方总是在追逐，另一方总是在逃跑，这种状态被称为婚姻中的"癌症"。

这也反映了双方不同的心理需求，依赖型伴侣总是想确定"他是不是真的爱我，在乎我"，而独立型伴侣总是想拥有自己的个人空间，渴望在亲密关系中依旧能坚持自我。

依赖型伴侣走到极端，就会成为独立型伴侣可怕的梦魇。他们会觉得自己完全被另一半束缚了，没有任何个人空间，婚姻关系成了牢笼，身在其中会让自己喘不过来气，感觉非常压抑紧张，无法放松。于是，他们会选择有多远逃多远，远离这种让人倍感压力的氛围。

亲密关系中出现的所有问题，其实都能反映出个体在过去的人生经历中未被满足的需求。我了解到，沈月从小到大都是外人眼中的"乖乖女"，因为小时候，她的父母常年在外打工，不能回家。她常常会觉得是不是因为自己不够好，才导致父母总是不在自己身边，所以每次父母回家，她总是表现得非常乖巧，极力讨他们欢心，希望他们能多陪陪自己。

她从小就没有安全感，所以在和唐明的关系中，她把对父母的这种不安情绪投射到唐明身上，只要唐明不在身边，她潜意识里那种被抛弃感就出来了，开始变得患得患失，紧张兮兮。

而唐明从小生活在父母争吵的环境中，让他潜意识里害怕婚姻中的冲突，他不想自己的婚姻也变得像父母的婚姻一样充满争吵。所以，他总是试图跟沈月保持距离，一旦两人关系紧张，他就选择逃避，钻到自己认为的安全角落里。

实际上，他们两人的内心深处都是害怕亲密关系会就此破裂，只是选择两种不同的防御措施，一方希望两人能离得更近，通过亲近和融合来缓解关系带来的焦虑；而另一方希望两人能离得更远，通过回避和疏离来缓解关系带来的焦虑。而他们缺乏正确的沟通模式，导致两人内心的真实需求都没被对方看见。

"追逃模式"在亲密关系中非常常见，很多伴侣都深陷其中，无法自拔，非常痛苦。那怎样才能打破这种模式，重新建立起彼此沟通的桥梁呢？你们可以尝试以下几种方法。

1. 自我反思

如果你是依赖型伴侣，你要做的是停止内心潜藏的对伴侣的索取。你已经是成年人了，要对自己的需求负责，学习处理自己的需求。没人能给你安全感，安全感都是自己给的。

停止操控你的伴侣，不要企图通过发脾气、无理取闹、步步紧逼的方式去取得伴侣的关注，这种方式只会把他越推越远。不要再让伴侣去填补你的情绪"黑洞"，你要通过觉察自己的情绪，看到自身存在的问题，试着把注意力转移到自己身上来。

如果你是独立型伴侣，你要做的是停在原地，试着去亲近和欣赏你的伴侣，看到对方为这个家的付出，看到他身上的优点，想想当初你是怎么被他吸引的。

他所做的一切，也不过是因为很爱你，很在乎你，只是有时方式或许不太恰当。想想你是不是也有一些问题，停止评判你的伴侣，试着理解他的感受。

2. 给对方一些耐心

你们需要给对方一些耐心，心平气和地坐下来，轮流给对方五分钟的时间倾诉，坦诚地表达内心深处的感受和需求，不要去评价对方，只讲述自己的感受，以第一人称"我"来表达感受。

在轮流发言的过程中，不要打断对方，不要离开，尽最大努力去倾听对方。你们会发现，你们深层的感觉是相似的：自己不被倾听，不被对方尊重。

一旦你们明白了彼此之间的感觉是相似的，学会放弃控制，放弃"我一定是对的"的想法，你就能看见对方的真实需求，看见你们双方其实都在被自己长久以来的问题困扰，你们都在自我挣扎。你就会激发自己的同理心，开始懂得站在伴侣的角度来理解他，包容他。

　　很多亲密关系都在依赖和独立的两极化中终结，因为这种拉锯战让双方精疲力尽。如果你们想要走出来，就需要让独立和依赖回归平衡，试着鼓起勇气改变自己，或许你们之间的关系也会开始改变。

多少婚姻关系，死于假性亲密

　　朋友燕子最近向我倾诉，她发现她的婚姻好像已经名存实亡。她说，她之前就觉得，自己的婚姻总是缺了点什么。表面看上去，夫妻和谐恩爱，从不吵架，凡事有商有量，相敬如宾，好像没什么冲突，很多人甚至羡慕他们这样和和睦睦的状态。但只有她自己知道，他们的婚姻状态太过平稳，像是一潭死水，感觉不到幸福，也感觉不到痛苦，就是感觉挺安全的状态。

　　只要他们继续扮演好各自在婚姻中的角色，明确分工，做自己应该做的事，他们似乎就不会有什么矛盾，安全的状态就不会被打破。她可以一直安分守己地扮演好妻子、好妈妈的角色，尽心尽力地维护好这个家庭的和谐稳定。

　　但这次因为老公被调去外地出差，她和孩子留在家里，她对他们之间的关系有了更深的感受。她发现她老公好像是可有可无的存在。之前在家时，他们之间除了聊孩子的事和必要的家庭大事，很少会聊其他有关自己的事。每天的微信交流仅限于"今天有时间接孩子吗？""晚上加班吗？"之类的话题。回到家面对面时，也从来没有因为什么事情而认真深入地交流过。

她曾经试着和他深聊过，但是他们对很多事看法都不同，根本聊不到一块，就好像是"鸡同鸭讲"，完全无法明白对方的意思。为了不给彼此添堵，避免吵架冲突，破坏当下和谐的关系，他们都不约而同地选择了沉默。

她老公出差后，他们之间更是无话可说，经常互不联系。除非有什么具体的事需要讨论一下，否则可以一连几天不联系。有时，她也想联系老公，却不知道该说些什么。她偶尔发个牢骚，她老公要么不回应，要么就讲大道理，让她意识到自己的问题。她想着，反正得不到期待的回应，何必自讨没趣，也就懒得再跟他说些什么。

久而久之，他们好像都很有默契地为了维持表面亲密，刻意避免过多的交流沟通，以防关系出现不可预料的结果。表面上看，他们是一对恩爱夫妻，尤其是在孩子面前，他们会互相维护对方；在朋友面前，也会给足对方面子。

没有人觉得他们的婚姻有什么问题，她甚至也经常安慰自己，要懂得知足。毕竟老公也没啥不良嗜好，踏实顾家，又很上进，赚钱养家。在外人眼里，这已经算得上是好老公了。

可身在这样看似幸福的婚姻里，她却一点也感觉不到幸福，甚至很多时候内心觉得很压抑。她怀疑是不是自己太矫情了，尤其在这次老公出差后，这种感触更深，她觉得自己好像并没有老公，而是孤身一人面对生活的所有习难。

她经常因为一些事一个人生闷气，她老公从来都察觉不到她的情绪变化，既不提，也不问，更不会主动关心她。所有的坏情绪，都靠她一个人慢慢消化。虽然她知道，这种消化很伤身，可地找不到其他出口。

当年他们走到一起，完全是两个大龄青年"条件匹配"，彼此之间顶多算是有好感，谈不上爱，更像是为了结婚而结婚，一起搭伙过日子。所以这可能是他们一直走不进对方心里的原因吧。

他们从来不曾真正了解过真实的彼此，而是一开始就活在了婚姻的角色中。他们为了建立一段看似亲密和谐的婚姻关系，都害怕暴露真实的自己，害怕真实的自己不被接纳。于是，他们努力扮演好妻子、好老公的角色，维持表面的幸福。这其实是一种"假性亲密"的状态，是两人有意地"在关系中逃避关系"。

有心理学家认为，假性亲密关系会使夫妻陷入"情感禁闭"的状态，这就意味着双方"默契"地认同这种状态——共同保持情感上的麻木。这种麻木的状态实际上是一种心理防御系统，用以防御同理心、亲密感、情感风险和情感投资。

它驱动着伪装的连接，从表面上看，像是真实的关系，但它让我们感受不到真挚的情感交流以及付出的快乐。同时，它保护着我们免受因付出真情实感而可能带来的一系列伤害，因为从未付出，所以也不必承受失去的痛苦。

这样的关系看起来是长期且稳定的，因为彼此都不会向对方暴露自己真实的情绪，所以也很少产生冲突，它能帮助我们抵抗不确定性的恐惧和焦虑，使我们觉得待在这样一段关系里是"安全"的，是不会"失控"的。

因为在这段关系中，双方从情绪到行为反应都是在可以预测的范围内，使我们得以从真正的亲密关系带来的复杂性中获得解脱。但这也意味着这样的亲密关系只能停留在这一种平和的、有距离的状态，无法真正达到亲密。

很多时候，吵架冲突反而是在暴露彼此的问题，有利于增进对彼此的理解。想要避免吵架，避免可能出现的一切不确定的冲突，避免导致无法挽回的结局，其实就是源于对这段关系的不信任。

正如精神分析学家唐纳德·温尼科特所说，为了保证安全，我们不知不觉地制造了一个"虚假的自我"，将我们未发展的"真实的自我"埋藏在我们的内心深处。我们说服自己，我们的伴侣对虚假的自我比对脆弱的真实自我更感兴趣。所以，为了维护亲密关系的稳定，很多人会不自觉地以"虚假的自我"与伴侣相处，扮演既定的角色。

前文说过，斯滕伯格认为爱情由三个基本因素组成：激情、亲密和承诺。空洞式爱情里只有承诺，没有激情和亲密。比如，包办式婚姻，两人纯粹为了结婚而在一起；或者是激情耗尽的爱情关系，既没有温情也没有激情，只是一起搭伙过日子。假性亲密关系，实际上就是一种空洞式爱情的状态。

就像燕子和她老公的婚姻，一开始就没有激情和亲密的部分，他们走入婚姻仅仅是需要找个伴儿，基于承诺去维持婚姻的稳定长久。因此，他们在婚姻中一直很理性，很少释放自己真实的情绪，这也阻碍了他们进一步深入了解彼此。在他们看来，这样一种婚姻状态是正常的。

尤其是燕子的老公，他是一个非常传统务实的男人。燕子说，她公婆的婚姻就是如此，两人相敬如宾，一辈子也没吵过几次架，两个人之间客客气气的，也很少交流。她公公常年在外打工，婆婆一个人扛起照顾一家子的重担，是典型男主外、女主内的传统家庭。

所以，在她老公看来，父母一辈子稳定地走下来，这样的婚姻没什么不好。但燕子每次去他家，都感觉不到什么温情，而是感觉到一种很压抑的气氛。不像在自己家，自己父母总是说说笑笑，有说不完的话。

著名心理学家小马克·B.博格在《假性亲密关系》中写道："这是一则亲密关系的寓言，它揭示了关系中最黑暗的元素。"他指出，假性亲密关系是这样一种关系。

·"看起来很亲密"。也就是说，在别人眼里，这跟真正亲密的情侣并没有什么不同。关系双方跟真正亲密的情侣一样，尊重对方，维护对方，给对方提供一种情感上的安全感。

·"亲密"的目的是"保持距离"。这是它跟真正的亲密最大的区别，同样是尊重照顾彼此，真正亲密和假性亲密却很不一样——前者是为了了解彼此、走向进一步的亲密，后者却是为了避免关系中的不确定性，保持一种安全距离。而且因为"看起来很亲密"，关系双方也很难意识到自己处在假性亲密中。

·在假性亲密中，"扮演角色"比"认识真正的对方"更加重要。假性亲密关系往往存在一个关系模板，比如"你出主意、我服从""我付出、你感恩"，双方在角色的期待下完成既定的任务，一旦有人不符合这个模板就会感到危险。

包办式婚姻有时就是这样一种状态，很多人为了传宗接代而结婚，彼此之间并没有爱情，进入婚姻后，也都是在扮演自己该有的角色，他们从不自主、自发地互相表达爱意。

可能他们在一起生活一辈子，也没有真正了解过真实的彼此，只是按照既定的关系模式稳定地走过来。他们没有体验过真正的亲密关系是怎样的，也就觉得这就是正常的婚姻状态。

在这种僵死的、程序化的、缺乏活力的家庭里长大的孩子，就更容易认为，亲密关系、婚姻、爱就是这样一种程序式的互动而已，很容易缺乏"激情"。

而对于另一部分曾经有过亲密体验的伴侣，他们渐渐发现，另一半并不像想象中那样美好，开始看到对方的很多缺点，进入了亲密关系中的幻灭阶段。为了避免幻想破灭可能带来的亲密关系危机，他们开始选择隐藏自己真实的情绪和感觉，以维持当下表面和谐的状态。尤其是一些男人会选择逃避，毕竟生活已经这么难，工作也很累，回到家只想躺平，不想说话，更别说与人深度交流，能省点心才好。

在假性亲密关系中，不管我们多么想去爱，暴露真实自我隐藏的焦虑会促使我们不断重复这个模式，以至于我们一直学不会如何建立真正的亲密关系。

双方的行为都在阻止真正连接的可能性。也许假性亲密关系最大的潜在问题是，每一方都经历了孤立和对另一方隐约的不满。双方在某种程度上都知道有些重要的东西缺失了，但他们依旧携手建立起了降低焦虑的机制，避免和对方分享真实的感觉，尽管这种机制会使关系变得冷漠和令人窒息。

　　这次老公出差的经历，让燕子突然意识到，原来自己的婚姻一直是有问题的，只是之前一直选择性地忽视了。她也是有情绪、有情感需求的女人，也渴望得到另一半的关心和安慰，渴望被人疼爱。

她很想改变当下的状态，渴望与老公的关系能够拉近一些，不想一辈子活在某个角色中，哪怕改变充满变数，甚至充满冒险，她也想去尝试，去突破。

真正的亲密关系是你与另一个人之间深刻的、自由的、互相回应的连接，是一种能共情到对方忧伤苦恼的关心，是彼此之间的坦诚和接纳，双方自愿自然地为一段情感付出。所以，想要打破假性亲密的状态，走向真正的亲密关系，你可以尝试以下几种做法。

1. 沟通之前，先理解和接纳真实的自我

在尝试沟通之前，要先理解和接纳真实的自我，只有当你真正接纳了自己，才敢于暴露自己，发现自己的问题。把亲密关系出现的问题当成自我成长的契机，每个人都需要不断成长，不要害怕暴露问题。当你在亲密关系中遇到一个困扰的问题时，你要自我觉察一下，当下的你是什么样的情绪？你做了什么？为什么会这样做？是否想起了类似的场景？当时你受到了什么伤害？所以才会不自觉地建立起某种防御机制，去阻止类似的危机出现。

当你意识到自己正在启动这种防御机制，不要进行自我批判，要知道，这种防御机制其实也是你进行自我保护的一种方式。你可以以一个旁观者的角度重新思考一下，这种应对方式是否适用当下这种场景，是不是可以换一种应对方式。待这些问题渐渐清晰，你的防御机制就会慢慢松动，你就可以尝试去表达自己真实的情绪和感受，展示真实的自我，脱离既定的角色，从固有的关系模式中走出来。

2. 练习不防御的沟通

小马克·B.博格等人提出了一个 DREAM 序列的概念，DREAM 序列就是从假性亲密关系中恢复的基本要点。DREAM 是发现（Discovery）、修复（Repair）、赋能（Empowerment）、替代选择（Alternatives）和互惠关系（Mutuality）的首字母缩写，这五个步骤是将你从假性亲密关系中解脱出来的实用技巧。这些步骤可以按顺序进行，也可以组合使用。这个技巧中最重要的工具就是"40—20—40"自我—他人评估沟通方法，可以在冲突中有效卸除防御。

·列出一个当前困扰你们的问题，想象你跟对方在一张桌子上就这个问题进行谈判，在你们俩中间有一条把桌子平分的线。然后把中线的宽度扩大到占据你们之间空间的 20%。这样一来，你们双方都需要放弃 10% 的领地。

·承认一个假设：你们双方都对这个问题负有责任，双方都应该承担不小于 40% 且不大于 60% 的责任。你们要从这 20% 的中间地带开始谈判。

·双方都应把重点放在自己身上，分享各自的感受，而不必担心受到责备、批评或因说出感受被别人用来对付自己。

·每一方必须能够安全地承认他们在事件中的角色，不管是好的还是坏的。

·双方都要认真聆听，不指责、不批评，这对增进双方相互了解至关重要，把责任推给别人或一方使用分享的内容来操纵另一方都是犯规的行为。

·严格限定分享的时间。建议每一方的第一次分享时间为 5 分钟，其后的每一次为 3 分钟（不得插话或交谈），来回交换谈话权，直到双方感到已经形成解决方案，或者至少已朝着解决问题的方向前进。

·分享结束后，记录这次沟通带给自己的感觉，比如，"暴露脆弱的感觉是怎样的？""我发现了对方哪些我不知道的事？"

这种方法的有效性在于，每一方都掌握了如何自由地、内心安全地表达自己的需求，以一种没有防御的、清晰而重点突出的方式表达，不用处理讨厌的反馈或建议。每一方都听取对方的意见，并向对方学习。借助练习，你们越来越能做到抛开责备，几乎在无意识的情况下，你的焦虑情绪和陈旧的防御习惯慢慢溜走了，这为建立彼此的真诚关怀的情感清理出了空间。

3. 心怀慈悲地共情，真诚地关怀对方

共情是指通过回忆自己对相同或相似感受的体验来深刻地体会他人的感受，而假性亲密关系旨在阻碍共情。如果你们想要走出假性亲密关系，就需要去心怀慈悲地共情对方，设身处地地体会对方的感受，共情对方的喜怒哀乐。要知道，你的伴侣不仅仅是孩子的爸爸或妈妈，你的老公或老婆，这些只是他身上的角色，他更是他自己，一个真实鲜活的男人或女人，你要看见角色背后真实的他。

沟通的突破口除了以上针对某个问题深入沟通外，平时也要多关注对方的情绪波动。比如，当对方情绪低落时，你可以关切地问一下："你的心情不好吗？遇到什么事了？可以讲给我听听吗？有些事说出来心里可能会舒服些。"如果他没有及时回应，还是选择不说，也不要轻易放弃，可以默默地陪伴他，邀请他和你做一些可能会让他开心的事，如果你平时留意他喜欢做什么，这个时候，你可能就知道该怎么做了。

当然，你也要有预期，不要想着关心他几次，他就能来关心你，

甚至你们很快就可以亲密起来。你在关心他的时候，不要带着需要他回报的心理，就仅仅把他当成自己的爱人，发自内心真诚地去关心他，去付出爱，从情感上共情他，体会他的感受。你还可以抱抱他，增加肢体接触，给他温暖。如果他本质上不是一个冷漠的人，一定能感受到你的变化，人心都是相互的，时间长了就会回应你。

从假性亲密关系走向真实的亲密关系，肯定需要一个漫长的过程，双方都需要不断学习爱与被爱的能力，改变自己，突破重重关卡，才能抵达对方的内心。但这个过程是值得的，也是必要的。因为你们都在不断成长为更好的自己，你们的关系也在不断进阶。

世上没有一个修炼比得上我们在亲密关系中的修行。当我们致力于关系的力量，彼此之间产生亲密连接时，就会发现生命再次变得有趣、刺激，不再是一潭死水。我们的伴侣可以成为我们获得乐趣与滋养的源泉，我们将享受真实亲密关系带给我们的幸福。

PART

4

婚姻中的大部分问题，都是沟通问题

为什么明明相爱，却感受不到爱？

很多夫妻可能都有过这样的感受：当两个人从恋爱走入婚姻以后，时间长了，爱的感觉越来越少，甜蜜的时刻更是屈指可数，婚姻常态更多的是平淡无味，甚至是争执不断。

我们可能会发出疑问：为什么曾经那么相爱的两个人，走入婚姻后，"恋爱"的感觉会消失？再也感受不到对方的爱，是他变了还是自己变了？我们还能找回当初爱的感觉吗？

朋友李丹和她的老公王亮曾是我们公认的恩爱夫妻。他们读书时就在一起了，一路跌跌撞撞，经历了三年异地恋，也分手过，但最终还是有情人终成眷属，走入了婚姻的殿堂。他们坚信彼此就是对方的真爱，毕竟经历了那么多曲折也没有走散。他们很珍惜这来之不易的幸福，把婚姻生活过得令人美慕。

就是这样令人美慕的婚姻，没想到短短两年后也出现了问题。李丹跟我倾诉说，她觉得王亮变了，不再像以前那样爱她、关心她，对她越来越冷淡，甚至不想和她待在一起。两人总会因为一点小事就吵架，谁也不愿意妥协，经常冷战。

我问她："那你觉得，你还爱他吗？"她想了一会儿说："应该还是爱的，就是不知道该如何和他相处，我觉得他可能不爱我了吧。"我继续问她："你为什么觉得他不爱你了？是什么事给了你这样的感觉？"

她说："恋爱时，他总喜欢黏着我，陪我做很多事，比如逛街、看电影、旅游、散步等。那时，我能感觉到他对我满满的爱。可是，现在我们已经很久没一起看过电影了，更别提做其他事了，他连好好坐在沙发上陪我聊会儿天都做不到，整天都在忙着做自己的事。这让我感觉自己好像对他没有吸引力了，他都不肯花时间陪我。"李丹在说这些时都要哭了。我能看得出来，她真的很在乎王亮，她感觉很受伤。

在我的印象里，王亮是一个很靠谱的男人，对感情很专一。这才结婚短短两年，不应该这么快就变了。我继续问李丹："你说王亮平时不怎么陪你，那他在家具体都在干什么呢？"

她说："他工作很忙，在公司也算中层领导，需要管的事有很多，所以几乎每天都会加班。而我也不想做饭，所以我们经常都是出去吃饭。吃完晚饭回家，他会打扫一下屋子，基本上就很晚了。周末，我们休息，他会在家做饭、拖地、洗衣服。我一直不习惯干家务，所以家务活都是他干。干完家务，他会忙会儿自己的工作或者看看书，也会出去跟他的球友们打篮球，反正就是没时间陪我。"

听完李丹的这番话，我大概知道他们的问题出在什么地方了。我对李丹说："也就是说，你觉得王亮陪你一起做某件事，关注你，全心全意跟你待在一起，你才会觉得他是爱你的，对吗？"李丹点点头。

我问她："你有和王亮表达过你的感受吗？或者让他陪你去做某件事？"李丹说："没有，我觉得如果他爱我，应该会主动陪我，而不是我去要求他陪我。"

我继续说："可是，你有没有想过，在你们恋爱时，你们还很年轻，也没什么生活压力，所以有大把的时间可以待在一起，去做很多事。但是现在你们处在婚姻中，他需要考虑很多现实问题，他努力工作也许是为了让你们有更好的未来，他包揽了几乎所有家务也是因为他知道你不喜欢做家务，想让你去做自己喜欢的事。他或许只是以他认为你可能需要的方式在爱着你呢？"我建议李丹回去跟王亮开诚布公地聊聊自己的想法和感受，看看王亮究竟是怎么想的。

后来，李丹跟我说，多亏了我的建议和分析才让她如梦初醒。她和王亮聊过，才明白自己一直以来多么自私。她只想着自己需要什么，从来没有想过王亮需要什么。

她希望王亮多陪陪自己，却不知道王亮也并不喜欢做家务，只是因为心疼她，才包揽了所有家务，这是他表达爱的方式。王亮其实也希望李丹能承担起部分家务，哪怕为他做顿饭，他就会觉得很幸福。他以为自己为李丹做了这么多事，她会觉得很幸福。

很多夫妻都会遇到和李丹、王亮一样的情况，以为自己在很努力地表达对对方的爱，可对方却根本感受不到。这其实是表达爱的方式出现了问题。

婚姻辅导专家盖瑞·查普曼博士在《爱的五种语言》这本书中提

出了"爱的五种语言"理论。他认为，每个人对于爱都有自己不同的理解，也有不同的表达方式。如果我们发现自己表达爱的方式与伴侣并不匹配，婚姻就会出现麻烦。他根据自己 30 多年的婚姻辅导经验，总结出了以下五种爱的语言。

·肯定的语言。包括赞美、表扬、言语支持，以及其他可以表达一个人有价值、值得欣赏的地方。使用这种爱的语言的人很容易因为侮辱和嘲笑，或者他们的努力没有得到语言上的认可而受到伤害。

·精心的时刻。全心全意地陪着伴侣去做一些事情，而且在陪伴的时间里全情投入，给予他足够的关注。使用这种爱的语言的人需要你和他同在，随时提供帮助。精神不集中和分心都会损害你们在一起的时间的"质量"，他们需要的是"高质量陪伴"，重点不在做这件事本身，而在于你要花时间关注对方的情感。

·接受礼物。那些喜欢接受礼物的人相信，礼物是爱的视觉象征，送礼的心思代表了一切。对他们来说，礼物的意义不在贵不贵，能让自己喜欢的就是最好的礼物。对于把接受礼物当作主要爱的语言的人来说，如果对方忽略了纪念某个重要事件，就是不在乎自己。

·服务的行动。使用这种爱的语言的人希望你能做他们想要你做的事。你可以借着替他做事让他开心，来表示你对他的爱，比如做家务，给对方拿包，等等。服务的关键是知道哪些行为能够得到伴侣的赞赏。

·身体的接触。使用这种爱的语言的人喜欢身体上的接触，如用手臂围住对方的肩膀，紧握对方的手，轻摸脸颊，拥抱，摩擦颈部等。

很显然，王亮和李丹使用的爱的语言并不一样。王亮表达爱的语言是服务的行动，他觉得爱一个人，就是为她做很多事，为她服务。所以，他承担了所有家务，以这种方式表达了对李丹的爱。

但可惜的是，李丹使用的爱的语言并不是服务的行动，而是精心的时刻。她没有得到王亮全心全意的陪伴，因此感受不到来自王亮的爱，反而觉得王亮不再爱她了。

她想要陪王亮一起做很多事，以为这就是在表达自己的爱。但王亮想要的却是她为他服务的行动，哪怕只是做顿饭。但李丹从未为王亮做过饭，这让王亮也感受不到来自李丹的爱。两个人的爱箱已经空了很久，明明彼此相爱，却都感受不到来自对方的爱。

心理学家多萝西·田诺博士对恋爱现象做了长期的研究，从她对很多情侣的分析中发现，一段让人神魂颠倒的浪漫恋情的平均寿命是两年。也就是说，浪漫爱情终究会归于平淡，尤其是走入婚姻后，人们会面临很多现实问题，再好的感情都要经历柴米油盐的考验。

如何才能在琐碎的婚姻生活中，感受到来自对方的爱？了解和学习对方使用的爱的语言就变得非常重要，以对方需要的方式去爱对方，双方都能爱得轻松。当你和伴侣的爱箱满了，他在你的爱里觉得安全时，可能也会回报你，你们的情感都得到回馈，整个婚姻情绪氛围就会变得不一样。

那么，如何才能发现你们彼此的爱语呢？盖瑞·查普曼博士在《爱的五种语言》中，也给出了三点建议。

第一，你的伴侣做什么事或者不做什么事，伤害你最深？与这件事相关的可能就是你的爱的语言。比如，李丹觉得王亮不能全心全意陪伴她，让她很受伤，她的爱的语言就是精心的时刻。

第二，你最常请求伴侣的是什么？你最常请求的事，可能就是最能使你感觉到爱的事。

第三，你通常以什么方式向你的伴侣表达爱？你表达爱的方式，也许能让你感觉到爱。

既然你已经知道了如何发现自己的爱的语言，不妨首先把它们写下来，按照重要性排序，看看你最需要的爱的语言是什么。接着也写下你认为伴侣的爱的语言。然后，你们找个时间坐在一起，讨论下你所猜想对方的爱的语言。最后，告知彼此，你们主要的爱的语言是什么。

选择以伴侣需要的方式去爱，才能让他感受到爱。当你们在婚姻中的主要情感需求得到了满足，你们之间爱的感觉就会一直持续下去。这不仅能治愈你们内心曾经的伤痛，还能提供给彼此足够的安全感和信任感，让你们更有力量和勇气去面对婚姻中不可避免的冲突，更好地了解彼此，包容差异。

伴侣吵架，多是因为权力斗争

前文提到过，每段亲密关系几乎都要经历浪漫期、权力争夺期、稳定期和承诺期，才能长久稳定下来。走入婚姻中的伴侣朝夕相处，开始看到对方身上的缺点，几乎每个人都想通过改造对方来满足自己的期望，争夺自己在这段关系中的主控权。于是，就有了权力斗争，权力斗争的开始阶段多是以夫妻之间互相攻击吵架的方式表现出来。

我的一位读者兰兰和她老公宋涛结婚10年了，一直处于无休无止的争吵中，他们总是为了一些鸡毛蒜皮的小事吵架。

兰兰对生活质量的要求比较高，她要求家里一尘不染。如果家里凌乱不堪，她会埋怨老公没有及时打扫卫生。而在宋涛看来，家里已经很整洁了，可是却依旧达不到妻子的要求。他会不理解，为什么早上打扫过的房间，晚上下班回来还要打扫，也难以忍受来自妻子的指责。

兰兰很爱干净，甚至有点洁癖。当宋涛回到家中，没有脱衣服就坐在沙发上或是将脱下来的衣服放在沙发上，兰兰都会无法忍受，她会指责宋涛邋遢，让他将自己的衣服放在该放的地方。

兰兰经常会说"你离我远一点""好恶心""好脏"之类的话，这让宋涛觉得无论自己怎么做都无法达到她的要求。面对这样的嫌弃，宋涛也很生气，他抱怨兰兰事多，总是打击自己的自尊。类似这样的吵架似乎没有尽头。

在餐桌上吃饭，兰兰希望两个人能够聊聊天；而宋涛却经常看球赛，不想交流。兰兰便会很不耐烦地用命令的口吻告诉宋涛要戴上耳机，不要影响别人。宋涛当然不乐意，他会反驳兰兰看剧也从来不戴耳机。旅游时，兰兰选择住干净、高品质的星级酒店，自然价格较为昂贵；而宋涛则认为在哪里都是睡觉，何必花那么多钱。两人经常因此争执不休，谁也不愿妥协。

兰兰找到我时，说他们的婚姻已经陷入了危机。以前两个人还会因为这些琐事争执，至少还有交流，现在宋涛完全不想理她了，任她说什么，他都无动于衷，把她当成透明人。

她越说他，他越是想逃离，甚至经常很晚才回家，早上又很早出去，避免和她在一起。她觉得，宋涛好像要离开自己了。自己还爱着宋涛，却不知道该如何和他沟通。

其实，宋涛以冷漠的姿态对抗兰兰的攻击，是愤怒的另一种表达方式——情绪抽离。他觉得兰兰的攻击没完没了，自己已经不想再和她正面对抗了，多年来的吵架没有任何效果，兰兰没有任何改变。

于是，他选择用沉默无声来对抗。他要告诉兰兰，她的攻击对他没有任何作用，反而让他很厌烦。他以一副冷冰冰的面孔无视兰兰的存在，想要暗示她：她对他一点都不重要，已经无法再伤害到他，也对他没有任何影响。

无论两人是吵架还是情绪抽离，其实都是在进行权力斗争。兰兰和宋涛这么多年都没有放弃过想要改变对方的念头，他们都想要证明，自己才是对的。只有证明自己是对的，才能显示自己的重要性。

　　无法掌控大局，会让自己充满挫败感，失去安全感。想要逃避内心的痛苦，愤怒是最直接的表达途径。攻击对方，让自己站在对的一方，理直气壮地指责对方，就能显得自己好像掌控了大局。

　　但其实逃避内心潜在的痛苦，用愤怒的方式去掩饰自己的痛苦，即使痛苦被压抑了，也不能解决实际问题。即使你进入下一段关系，这些潜在的痛苦还是会被触发，还是会出现同样的争吵。

　　每个人进入一段亲密关系，都会将过去的创伤一起带入，很多时候人们的争吵都是源自内心的创伤被激发出来。只有直面内心创伤，了解情绪背后的深层次原因，才能真正从根源上解决冲突，治愈自己，改善亲密关系。

　　心理学上有个"限制性信念"的概念。"限制性信念"指的是一个人的信念系统中有很多信念其实是由某一特定经验产生的，这个信念也许适用于曾经的某个情境，但在另一个情境中就不适用了。

　　可是，如果这个人的信念没有随着情境的改变而改变，就会给他带来很多困扰。限制性信念一般是在我们童年时期形成的，而我们一生都在创造经历去符合这些信念。所以，当你回顾往事时，你可能会发现你的人生经历总是很相似。

　　回到兰兰和宋涛的问题上，兰兰从小家庭生活条件很好，父母都是很讲究的人，对兰兰要求也很严格。比如，兰兰小时候刷牙要自己挤牙膏，挤完牙膏要盖上牙膏盖，如果忘了盖，妈妈就会指责她；兰兰很小就被要求打扫家里卫生，不能乱丢垃圾，玩具必须摆到指定的位置，如果她把家里弄得很乱，妈妈就会没收她的玩具，还会批评责骂她。父母平时上班很忙，很少陪伴兰兰，因此兰兰的很多需求都不被父母看见，她一直觉得自己好像是父母的负担和累赘。

她带着这样的经历进入了亲密关系中。她会不自觉地以父母对待她的方式对待宋涛，因为童年缺乏父母的关爱，她便认为只有不断要求宋涛满足自己的期望，才能证明宋涛是爱自己的。

她企图从宋涛身上弥补童年缺失的爱，希望时刻获得宋涛的关注。她想要赢得亲密关系中的主控权，不想再像童年时的自己那样弱小无助。她觉得只有取得了亲密关系中的控制权，才能填补内心的不安全感。

而宋涛从小家庭条件不太好，父母常年在外打工，根本无暇照顾他。他很少跟父母聊天，父母也很少关心他。他在学校被同学欺负，好不容易鼓起勇气跟父亲诉苦，父亲也只是告诉他，要学会反击，不要无能。父亲是一个不讲道理的人，宋涛很怕父亲。

所以，他从小就很独立，什么事都喜欢藏在心里，他觉得自己对父母来说，是可有可无的。这导致他在和兰兰的相处中，要么据理力争不愿妥协，要么选择沉默逃避。

他觉得如果自己向兰兰妥协，就是无能的表现。他从兰兰那里也很少得到关心，更多的是指责。所以，他潜意识里也认为，自己对于兰兰也是可有可无的存在。他对抗兰兰，其实是在与自己潜意识中的父亲作斗争。

显然，宋涛和兰兰的亲密关系被他们各自的限制性信念束缚住了。很多夫妻在婚姻中争吵，大多是受到限制性信念的影响。一旦婚姻出现某种问题，就会不自觉地与过去某种经验联系起来，被限制性信念左右自己的言语和行为。

潜意识里的限制性信念歪曲了我们的思想、感受、认知和行为，以及我们在亲密关系中的选择。它控制着我们如何与伴侣相处，决定了是什么引发了我们的争吵和矛盾。

一旦认识到自己的限制性信念是如何形成的，你就更容易发现争吵的本质是什么。你要知道，虽然你对过去已经发生的事无能为力，但现在你可以做很多。

没有人的童年是完美的，每个人或多或少都会有缺憾，都会经历创伤。作为一个成年人，你需要在亲密关系中了解自己的内心创伤是什么，然后去接纳它，与它和解，让自己真正成长起来。你可以尝试以下几种做法。

1. 展示你的脆弱，说出你的真实需求

再拿兰兰和宋涛来说，我给兰兰分析了她的童年经历对亲密关系的影响。让她下次对宋涛有不满时，不要一上来就去指责他，要多去描述自己的感受，说清楚自己的需求是什么。

比如，她希望宋涛多陪她聊聊天，她可以说："你总是自己看球赛，不和我聊天，让我觉得球赛比我更重要，我觉得很受伤，我希望你能多关注我，这样我才能感觉到你爱我。"相信宋涛听到这样的话，一定会被触动，会更加了解兰兰的内心需求。

当你们不再把争吵看作一个问题，而是学会挖掘潜意识层面的真实需求，争吵便成了一扇通往自我认识、深层理解和更亲密关系的大门。你和你的伴侣将会化解争吵，更好地理解彼此，变得更有同理心，收获更多亲密。

2. 打破旧信念，开启新信念

既然你已经知道了，在争吵中，你会被旧的限制性信念影响自己的判断力和感受力，你就要有意识地觉察自己当下被什么样的旧信念影响并记录下来。你要学会为自己的感受负责，你的愤怒并不是因为伴侣做了什么事，而是这件事激发了你内心旧的伤痛，你是在为自己的无能为力而感到愤怒。要知道，这件事已经过去了，你不能再让自己困在其中。

比如兰兰，她觉得只有宋涛对她保持足够的关注，才是爱她的表现，一旦宋涛忽视她或者反抗她，就是不爱她。这都是她在用旧信念对宋涛的行为进行诠释，并不是宋涛的本意。她需要建立新信念来诠释这种行为，她可以这样想：宋涛只是累了，需要看球赛缓解一下自己疲惫的情绪，并不是不在乎自己。

只有打破旧信念的束缚，尝试用新信念建构你的思维矩阵，才能解开你的心结，治愈你的内心创伤，拥抱全新的自己。同时，你们的沟通模式也会因此改变，迎来更良性的互动和更亲密的关系。

婚姻中的冲突并不可怕

在婚姻中，很多人都害怕面对冲突，觉得发生冲突太伤感情，于是他们总是选择回避冲突，营造一片和谐的假象。他们认为，只要避免冲突，婚姻关系就能得到改善。可是，事实真是这样吗？

在我所接触的情感案例中，恰恰有些伴侣冲突不断，却婚姻关系稳固，感情越来越深；而有些伴侣虽然表面看上去没有什么冲突，也很少争吵，但一旦冲突爆发，就会造成无法挽回的结果，婚姻关系就此破裂。因此，并不是说婚姻中冲突越少，婚姻关系就越幸福。冲突的多少，并不能直接反映婚姻关系的质量。

社会心理学家詹姆斯·麦克拉尔蒂发现，愤怒而诚实的沟通所带来的短暂不适感，反而有益于感情的长期稳定。你会发现，亲密关系比你想象中更强大，它能经受住争吵这个炸药桶的考验。

更重要的是，这些激烈的交流能激发你的洞察力和理解力，有助于促进你们深化关系。还有研究表明，伴侣关系中早期发生的争吵，能帮助人们清除一些可能破坏长期关系的隐患。

约翰·戈特曼教授研究了 650 对夫妻，在跟踪他们的婚姻发展长达 14 年后，发现伴侣在交往早期的争吵中经历的暂时性痛苦，从长远来看对他们的关系是有益的。交往初期和平相处的那些伴侣，虽然在刚开始时表示自己比争吵的伴侣更幸福，但当研究者3年后回访时，他们却更有可能已经分手或处于分手边缘。而交往初期发生争吵，但解决了问题的伴侣则更有可能保持稳定的关系。

在《幸福的婚姻》一书中，约翰·戈特曼的研究对象中有这样一对夫妻——贝尔和查理。他们结婚45年后，贝尔告诉查理，她宁愿他们当初不要孩子。贝尔的话激怒了查理，随之而来的是一场争论。他们直接开门见山地表明了自己的观点。

查理："如果我支持你不生孩子，你以为你会过得更好吗？"

贝尔："生孩子对我来说是一种侮辱，查理。"

查理："不。等一下。"

贝尔："把我降低到这样一个水平。"

查理："我不是降……"

贝尔："我想和你一起享受生活，而不是做苦工。"

查理："稍等，现在停一分钟。我不认为问题是不生孩子这么简单，我认为这里有许多被你忽视的生物学上的因素。"

贝尔："你看，所有美妙的婚姻都没有孩子。"

查理："谁？"

贝尔："温莎公爵夫妇。"

查理："拜托！"

贝尔："他是国王！他娶了一个自己深爱的女人，他们有一段无比幸福的婚姻。"

查理："我不认为这是一个恰当的例子。首先，她已经40岁了，这是差别所在。"

贝尔："她没有孩子，而且他爱上她不是因为她打算要生孩子。"

查理："但事实是，咱们生孩子确实是基于一种生理上的冲动。"

贝尔："你认为我受生理的控制，这是在侮辱我。"

查理："这是事实！"

贝尔："反正我们本可以举办一个没有孩子的舞会。"

查理："现在我们可以举办一个有孩子的舞会。"

贝尔："我没想要举办这种舞会。"

约翰·戈特曼写道，45年来，贝尔和查理一直过得很幸福，两人都对他们的婚姻非常满意并且深爱着对方。这么多年，他们一直有类似的争吵，但是他们的争吵并不以生气而告终，他们会继续讨论为什么贝尔会这样看待母亲的身份。贝尔最惋惜的是她没有太多时间陪伴查理，她希望自己并非总是这么暴躁和疲惫。当他们在解决这个问题时，流露出的是爱与欢笑。贝尔这么说的根本原因，是她太爱查理，她希望她能有更多的时间和查理在一起。

从戈特曼的研究案例来看，婚姻中的争吵并不都会破坏夫妻感情，如果两人能通过争吵发现对方内心潜在的渴望，反而会因此更加了解对方，两人的感情会更加亲密。查理通过这次争吵发现贝尔喜欢和他在一起，渴望更多的亲密相处，这让查理感觉到了贝尔对自己深深的爱。

查理能发现贝尔内心深处的渴望，在于他一直在和贝尔积极互动，听到贝尔说她宁愿当初自己不要孩子，他反问贝尔觉得不生孩子，会过得更好吗。他一直在试图引导贝尔说出自己内心的真实想法，然后真诚地表达自己的观点，积极讨论这个问题。而不是带有敌对情绪，一味地反对贝尔或者以其他伤害贝尔的方式沟通，这才使得贝尔一步步表达出了内心最想说出的话。这样的争吵风格，对他们婚姻的发展产生了促进作用。

实际上，不同夫妻的冲突风格截然不同。有些夫妻会不惜任何代价避免争吵，有些夫妻会经常争吵，还有些夫妻能详细讨论他们的分歧并在无须大声争吵的情况下找到折中的办法。

没有哪一种冲突风格必然比另一种好，只要这种风格能对两个人起作用。如果夫妻中的一方总是想把冲突讲个明白，而另一方只想做别的事回避冲突，他们就会遇到麻烦。

婚姻中的冲突通常是不可避免的，毕竟我们每个人都带着不同的性格和个人经历进入婚姻，我们有不同的期望，处理问题的不同方式。既然冲突不可避免，那我们就什么都不用做吗？那肯定不行，因为你会发现有些争吵对婚姻关系的破坏性很大，甚至直接导致婚姻关系的破裂。

约翰·戈特曼进行过一项关于最具破坏性的冲突模式的研究，你可以通过这种研究找到一种方式来评估你们的破坏性冲突行为。这项研究结果也被写在了《幸福的婚姻》这本书中，并且被他称为"末日四骑士"，即批评、鄙视、辩护以及冷战。这些沟通模式的出现，预示着一段关系行将结束。

·骑士 1：批评。有些人会针对伴侣的人格进行攻击。比如，你出门时，让伴侣打扫一下家里卫生。他嘴上答应了，可是等你回来，发现他根本没有打扫。你如果只是说："你答应了我打扫卫生却没做，我真的很生气。"这是抱怨。而如果你说："你为什么总是这么不长记性，答应我的事总是做不到，你就是对我不上心。"这就是批评。抱怨针对的是某个具体行为，而批评则是指责对方并伤及人格。

·骑士 2：鄙视。鄙视骑士通常紧跟着批评骑士而来。接着上面那个例子来分析，如果你接着说："你对任何事都这么没有责任心，不守信用，所以你才一事无成。"或者你说："你是不是觉得自己很了不起，在家什么事都不用做，我应该要好好伺候你？"这些话都是在鄙视对方，挖苦、冷嘲热讽、骂人、翻白眼、讥笑和不友善的幽默都是鄙视的方式，表达了自己对对方的厌恶之情。如果你长期积累对伴侣的负面看法，会让鄙视一触即发。

·骑士 3：辩护。当伴侣听到你全面的批评甚至是鄙视时，也会为自己辩护。他可能会说："我一直在忙，忙得忘记打扫卫生，这不是很正常吗？我难道不经常打扫卫生吗？你不是也有忘记做某件事的时候吗？"辩护实际上是一个人为了保护自己而启动的防御机制，人们会通过否认自己的责任，或者反戈一击的方式来回应对方的批评。

·骑士 4：冷战。如果夫妻间的沟通总是充满着批评和鄙视，导致一方不得不为自己辩护，而这又引发了更多的鄙视和辩护，最终夫妻中的一方对此置之不理，成为冷战者。一个冷战者会回避所有与伴侣的沟通，无论伴侣说什么，他都看起来毫不在乎，好像根本不关心伴侣说了些什么。

如果夫妻双方的争吵发展到冷战这一步，说明他们已经无法抵挡前三位骑士所带来的消极情绪，两人已经处在消极旋涡里很长时间，并且被消极情绪淹没了。

"情绪淹没"意味着伴侣的消极情绪，无论是批评、鄙视还是辩护，突然爆发且势不可当，让你觉得自己不堪一击。你所能想到的就是保护自己免受对方的猛烈攻击，于是你会从情感上疏远对方，你们不再有任何情感上的交流，关系越来越远直至破裂。因此，一桩婚姻的破裂是可以预见的，不幸的婚姻中，夫妻争论期间总是会出现"末日四骑士"并带来频繁的情绪淹没感。

我们无法避免婚姻中的冲突，却可以想办法避免破坏性的冲突模式，尽量减少或者避免"末日四骑士"的沟通模式。戈特曼的研究给我们提供了一个很好的指导，幸福的伴侣在出现分歧和争吵时，积极与消极互动的比例是5∶1，而在最终离异的夫妇中，这一比例为0.8∶1，即小于1。还有一些感情非常稳固的伴侣，即便在争吵时，他们积极与消极互动的比例也能达到20∶1。因此，在面临不可避免的冲突时，你可以尝试以下几种做法。

1. 以温和的方式开始

破坏性冲突模式多是以苛刻的方式开始的，你以什么样的方式开始沟通，通常也会以什么样的方式结束沟通。一旦你的沟通以苛刻的方式开始，"末日四骑士"常常会轮番出现，双方都会陷入消极情绪，启动防御机制，很难心平气和地交流，冲突很容易升级。

约翰·戈特曼认为，你可以根据一段15分钟对话的前3分钟预测整场谈话的结果，这个预测的准确率高达96%。仅仅是一个苛刻的开始就注定了整场谈话的失败。相反，如果你以温和的方式开始讨论，不会一上来就指责批评伴侣，而是明确地表达你的观点，那么，你们接下来的讨论才有可能是有效的。

2. 多进行积极的创造性互动

婚姻问题研究专家苏·约翰逊指出创造性互动的三个关键因

素——易于接近、积极回应和情感投入。也就是说，夫妻在沟通中，要做到开放包容、投入情感并能积极给予对方回应。当对方的意见与你不一致时，不要急于否定对方，你可以听听对方真实的内心想法，学会包容两人的差异，同时也充分、负责地表达出自己的真实想法和渴望，给对方深入了解你的机会，欢迎对方的靠近。

当你们的争吵目的是在争取内心渴望的某种东西时，也就有了明确的目标，而不是漫无目的地发泄情绪，这是在冲突中实现双赢的关键。只有抱着真诚、合作、负责的态度面对冲突，全身心投入情感互动中，你们才能触碰到彼此内心的深度渴望，更加深入理解彼此，建立更强的亲密感。

3.分享权力，允许伴侣影响你

前文写过，夫妻吵架多是因为权力斗争。男人们往往更在乎自己在婚姻中的权力地位，尤其是那些有大男子主义的男人，他们觉得自己在婚姻中的权力不可动摇，如果轻易被妻子影响，就意味着失去了关系的主控权。

约翰·戈特曼在《幸福的婚姻》一书中写过，他在对 130 对新婚夫妇的长时间的研究中，发现与那些抗拒妻子影响的男人相比，接受伴侣影响的男人拥有更幸福的婚姻，他们离婚的可能性更小。当男人不愿意同他的伴侣分享权力时，他的婚姻破裂的可能性高达 81%。

比如，如果妻子说"你不听我的"，丈夫要么冷战（无视妻子说的话），要么为自己辩护（"我听了"），要么批评妻子（"我不听你的，是因为你说的都是废话"），要么鄙视妻子（"为什么浪费我的时间？"）。利用某个"末日四骑士"让冲突升级是男人抗拒妻子影响的标志。

丈夫宁愿摧毁妻子的观点，也不愿注意她的感受，这种方法就会导致婚姻的不稳定。与那些丈夫不反对妻子对自己施加影响的婚姻相比，丈夫不愿同妻子分享权力的婚姻早晚会终结，不幸福的可能性是前者的4倍。

因此，你需要与伴侣分享权力，愿意为某些事妥协，承认对方的某些想法或许更好，更能解决问题，愿意从对方身上学习长处，欣赏对方的优势和价值，接受对方对你的影响，共同决策，而不是一味通过自己的方式维护自己的权力和地位。你们能够明确彼此的相对优势，为了婚姻的共同目标一起努力，将会体验到更多的爱意和满足感，你们的婚姻也将更加融洽。

不要害怕婚姻中的冲突，只要我们以正确的方式处理冲突，避免破坏性冲突方式，冲突也能成为改善我们亲密关系的契机。

应对冲突的四类夫妻，你属于哪一种？

在婚姻中，冲突是不可避免的，不同的冲突模式对亲密关系的影响不同，所对应的结局也会不同。有些冲突会促进亲密关系的发展，有些冲突却给亲密关系带来致命性的打击。

冲突到底是能促进还是破坏伴侣的满意程度取决于冲突进行的方式。所以，我们有必要了解，伴侣之间的冲突模式到底属于哪一种，才能避免亲密关系进一步恶化。

约翰·戈特曼在《亲密关系》一书中提到，他曾花费数年考察夫妻的冲突。他邀请很多对夫妻讨论持续存在的争议，随后仔细研究了他们互动的录像带。根据研究结果，他发现夫妻在应对冲突时会有四种不同的类型。

第一种，多变型。这个类型的夫妻会发生频繁、激烈的争论，他们投身于火热的辩论，努力说服和影响彼此，他们常常表现出很强烈的负面情绪，但他们能充分运用智慧和真爱来缓和愤怒。

第二种，确认型。这个类型的夫妻会更有礼貌，他们往往比多变型的夫妻更镇定，在解决冲突的过程中更像合作者而非对手。他们的讨论或许会变得很激烈，但他们常常通过表达同理心、理解对方的观点来彼此确认。

第三种，逃避型。与多变型和确认型的夫妻相反，逃避型的夫妻很少争吵，他们回避正面对抗，如果他们真要讨论两人间的冲突也会非常温和谨慎。逃避型夫妻不会与伴侣讨论冲突，他们常常试图靠自己的力量解决冲突或者静观其变，希望时间的流逝有助于问题的解决。

第四种，敌对型。这个类型的夫妻不能维持友善行为与恶意行为5 : 1的比例。前文说过，幸福的伴侣在出现分歧和争吵时，积极与消极互动的比例是5 : 1，这是亲密关系能够接纳的最低奖赏—代价比例。而敌对型夫妻的讨论充斥着批评、蔑视、防卫和退避，讨论的时间越长，他们就会变得越压抑。

有些敌对型夫妻会主动处理他们的分歧，但效果很差，另一些敌对型夫妻则会保持更超然、更置身事外的姿态，但在短暂的冲突出现时也会彼此诽谤中伤。但无论他们是否主动争吵，敌对型夫妻彼此都会恶意相待，这与其他三种夫妻完全不一样，这也是为什么他们的冲突对亲密关系的危害更大。约翰·戈特曼断言前三类夫妻都能持续亲密关系，因为他们的冲突解决保持了很高的奖赏—代价比例。伴侣们可以吵翻天或者根本不吵架，这都无损于他们的亲密关系。

这让我想起了自己面对冲突时的反应。我和王先生也会经常起冲突，毕竟我们也无法在所有方面都达成一致，我们会因为一些生活上的琐事起争执。比如，有时候孩子太闹腾，该睡觉的时间不睡觉，该吃饭的时候不吃饭，各种找碴儿，就喜欢跟大人对着来。我有时会因为急于要做自己的事，对孩子没有耐心，甚至会控制不住对他发脾气。王先生就会对我不满，认为孩子还这么小，才不到两岁，你能指望他可以很好地自我控制吗？他认为我作为一个妈妈，不该如此粗暴地对待自己的孩子。

听他这么说，我虽然觉得有道理，但是情感上无法接受，毕竟我只是暂时没控制住自己的脾气，我也是很爱孩子的。我辛苦带孩子还要工作，为什么就不能体谅下我的辛苦和难处？我对孩子发脾气，他就只会指责我吗？我每次发完脾气，自己也很后悔，还要面对他的指责，这让我觉得自己很委屈。于是，我会忍不住与他起争执，甚至会有很激烈的争辩。

可无论我们如何激烈地争辩，也绝不会上升到人身攻击或者蔑视、敌视对方的地步。毕竟，我们知道彼此都是很爱孩子的，都在为这个家努力。在争执中，我的表现偏向多变型，当我们的争论进入白热化状态时，为了缓和气氛，我会说："我知道你很爱孩子，对孩子一向耐心十足，你怕我的粗暴会对孩子造成不好的影响，我承认这点我做得没你好，但这不代表我对孩子的爱比你少，偶尔控制不住发脾气是每个妈妈都会经历的，我希望你能对我多点包容，我以后也会尽最大努力控制自己。"

而他的表现更倾向于确认型，他会说："如果我的话让你觉得受伤，我很抱歉。我知道你很爱孩子，也很辛苦，只是我必须得提醒你，你的言行可能会对孩子造成不利影响，我们是婚姻的伙伴，有责任彼此提醒，帮助对方成为更好的自己。我的措辞可能让你觉得不舒服，但这确实都是为了我们好，我以后会注意自己的说话方式。"如此一来，我们的争执会在彼此的同理心和理解中顺利化解。

心理学上有个"感情修复尝试"理论，也就是说，夫妻双方会通过一些语言或行动来防止消极情绪升级，不让场面失去控制。感情修复尝试是聪明的夫妻经常使用的秘密武器，虽然很多夫妻并未意识到他们所做的事竟然有这么大的威力，但夫妻间感情修复尝试的成功与否是衡量他们婚姻美满或失败的一个首要因素。

就像我和王先生的情况，当我们感觉争论快要失去控制时，通常会有一方开始尝试进行感情修复来缓和气氛。大部分时候是王先生先这样做，当我看到王先生有所让步和妥协时，我肯定就能感觉到他在试图亲近我，我会很快接住他的修复尝试，态度也会很快缓和下来。如此一来，我们就不会走入敌对状态，亲密关系也不会因此受损破裂。

但敌对型夫妻很难做到感情修复尝试。同样是发生上面的争执，男方会直接对女方进行人身攻击："你就是个很差劲的妈妈，你是个不合格的妈妈。"女方当然也不甘示弱，也会开始攻击："你以为你就很了不起吗？你为孩子付出过什么？每天就是个甩手掌柜，你就知道工作，我也没看你赚了多少钱，你管过孩子吗？你就是个假爸爸，孩子有你这个爸爸就跟没有一样的。"双方你一言我一语，谁都不愿妥协，把对方贬得一无是处。他们始终都在恶语相向，中伤对方，似乎把对方当成了敌人，早已忘了彼此是婚姻的合作伙伴。

罗兰·米勒在《亲密关系》一书中写道："对于 2000 对已婚夫妻的大型调查发现，24% 的夫妻至少有一方会面临敌对型冲突，不出所料，这些夫妻比其他夫妻对婚姻更不满意，存在更多的问题。最普遍的婚姻模式，大概占 25%，夫妻双方都是确认型，他们是这群夫妻中最满意的。实际上，确认型夫妻冷静、尊重和富有同理心的处事方式总是具有优势。"

一位确认者结合另一位多变者或逃避者，也很幸福。而夫妻双方都为逃避者占2%，都为多变者占5%，这两种情况比较罕见。所以约翰·戈特曼的分析相当正确。激烈的争吵未必会损害亲密关系，尤其在争吵时保持一定程度的同理心和尊重的情况下。不必恐惧激烈的争吵，只要其中包含对伴侣的关心。但任何情况下都不能让争吵变得刻薄、讽刺和粗暴。冲突只要变得恶毒和刻薄，就具有腐蚀性。

如果我们知道了自己是什么类型的冲突风格，能够改变当下的风格吗？《亲密关系》中描述了一项跟踪研究发现，大多数人在两年的时间跨度里都保持着同样的冲突风格；约一半伴侣的争斗方式具有建设性，采用很多确认方法和正面情感；四分之一伴侣的争斗方式比较拙劣，整整24个月双方都在敌意和刻薄的异议中煎熬。

显然，一旦你和伴侣建立了一种处理冲突的风格，它就可能持续下去。不过，约有20%具有破坏性争斗的夫妻在研究期间改变了他们的风格，脾气变得不再那么坏，对他们的亲密关系也更为满意。

所以，如果你正对你们夫妻间的冲突感到苦恼，你也可以进行改变。约翰·戈特曼提出了三个"不要"建议，你不妨试一试。

1. 不要退避

当你的伴侣试图沟通时，你不能为了避免冲突就选择退避。逃避冲突不能解决任何问题，只能让问题悬而未决。因为你虽然暂时退避了，但是同样的问题会重复上演，你不能一直退避下去，问题不去解决沟通，只会愈演愈烈。如果你当下没有时间或者情绪不佳，你可以请求对方重新安排更方便的时间来讨论冲突，同时，你要记得自己有责任履行约定。

这点，我和王先生就有约定，尽量不要把冲突留到第二天，有什么问题就及时沟通，坦诚表达出自己的看法。如果两个人当时都在气头上，就各自冷静一个小时再来继续讨论。总之，一定会有一个人选择让步，尽量能够在当天达成某种共识，解决眼下的冲突。

2. 不要消极

遏制你的讥讽、轻视，丢弃你的厌恶。粗鲁、暴躁和刻薄的行为对你的亲密关系具有很强的侵蚀作用，因为坏的语言总是比好的更有力量。

当你对伴侣恶语相向一次，出现"末日四骑士"中的任何一种，你的攻击会对他造成很大的伤害，他会一直记在心上。根据前文提到的友善行为与恶意行为5∶1的比例，你需要付出超过5倍的好才有可能弥补这一次的伤害。如果你们恶语相向的次数越来越多，你们之间的感情也就越来越岌岌可危。

所以，你一定要学会自我控制，控制自己的消极情绪，给自己积极的心理暗示：你们是一体的，是婚姻合伙人，而不是彼此的对手，互相攻击没有赢家，只能两败俱伤。

你可以换一种思维，思考一下你为什么会如此愤怒。重新思考愤怒的事件能够抑制你当下的愤怒，你在掌控愤怒上越努力，你就越有可能变得宽容、灵活，也就越可能避免破坏性冲突。

3. 不要陷入负面情感相互作用的怪圈

这一点非常重要。当你意识到你快要被消极情绪淹没，你和你的伴侣正在你来我往地破口大骂，请马上停止无意义的争论。这时候，你们双方已经彻底失去了理智，都在以最恶毒的方式攻击对方，只想胜过对方，让对方妥协。然而，双方很难妥协让步，争执越久，愤怒越强，伤害越大，最终形成恶性循环。你们需要离开当下的场景，休息 10 分钟，让自己的情绪平复下来，做好准备，再返回你的讨论，并为上次的过激言辞道歉。

避开脾气暴躁、态度恶劣的冲突还有一个非常好的方法，那就是运用婚姻问题专家传授的技术来建设性地处理冲突。《亲密关系》一书中提到了"说话者—听话者技术"可以帮助夫妻们针对有争议性的议题进行平静、清楚的沟通，促使人们主动倾听对方，即使存在分歧也能增加彼此的理解。

要使用这一技术，伴侣们可以指定一个小物体作为发言权的标志，谁得到发言权，谁就是说话者。伴侣们的任务是使用"第一人称陈述"来简明扼要地描述自己的情感。听话者的任务是不要打断、仔细倾听，然后复述说话者的信息。

当说话者对听话者理解自己的情感感到满意时交换发言权，转换角色。这一耐心的模式使伴侣们有机会表露他们关注的问题和对彼此情感的尊重而不会陷入自我辩解、猜测、打断和防卫的恶性循环。

如果你努力遵循这些建议，就有可能很好地处理冲突。刚开始这可能会很难，因为这需要你们打破固有的沟通模式，重建新的沟通模式。这需要你们的共同努力、彼此自律和对伴侣真正的关爱，但正面结果是值得努力的。

冲突并不是可怕的问题，而是具有挑战性的机遇，是理解自己和伴侣的机会，也是让你们的亲密关系变得更满意、更亲密的契机。当你们突破重重障碍，从根本上改善了你们的沟通技能，你会发现一切的付出都是值得的，毕竟幸福持久的亲密关系都是你们想要的结果，不是吗？

婚姻中的冷暴力是一种精神虐待

心理学家刘喆博士，曾经在国内四座城市的两千多个家庭中进行调查，发现有 70% 以上的家庭都有过不同程度的冷暴力。也就是说，在现代婚姻生活中，大部分人都经受过亲密关系里的冷暴力。

读者林青在给我的一封来信中详细诉说了丈夫秦川对她进行冷暴力的过程。结婚前，林青想找个脾气好、能哄自己开心的男朋友，想着将来结婚了，吵架的频率会相对低一些。

当时，林青有两个追求者，秦川是其中一个。林青在两个追求者之间犹豫了很久，不知道该选择谁。秦川追了林青一年多的时间，两人才最终确定关系。

林青爱看文学书，秦川就把家里、朋友手里能搜刮到的好书都送给了林青。林青性格温柔，很少发脾气，就算偶尔发脾气，秦川也从来不和她较真。恋爱一年多，两人从未吵过架。林青加班时，秦川再忙也会抽时间接她下班，两人一起吃饭，聊着琐碎的家常。林青觉得眼前的男人就是她情感的依靠，心灵的港湾。

他们毫不犹豫地结婚了，蜜月旅行也甜甜蜜蜜，林青憧憬着未来生活的种种美好。只是婚后没多久，林青发现秦川好像变了个人，完全不是恋爱时的模样。

秦川不会做饭，每天下班都是林青来做饭。她想着男人不会做饭也属正常，那陪在一旁说说话，这枯燥的家务活也就有了生趣。偏偏秦川不肯，下了班就坐在电脑前打游戏，好像家里只有他一个人似的。

面对林青的抗议，秦川说："我一个人习惯了，我爸妈都不管我，你得给我时间适应！"

"结婚就是两个人过日子，这点你都不清楚吗？当初谈恋爱时你不这样啊！"林青说。

"谈恋爱不是得迁就女朋友吗？这都结婚了，就别那么累了，你不要太矫情了。队友喊我，不说了！"秦川扔下这句话就又跑去打游戏了。

林青感觉自己掉进了一个冰冷的黑洞里，眼前的这个男人看起来有点陌生。她想着："行，给他时间，不是说婚姻有磨合期吗，那就看看彼此到底能不能适应这段婚姻吧。"

就这样，林青每天上班工作，下班做家务，而秦川除了上班，大部分时间都在打游戏。林青想和他聊点什么，他都没什么兴致，经常是敷衍了事。这让林青时常会产生自我怀疑，是不是自己做得不够好，才导致秦川对自己如此冷淡。

更让林青感到不可思议的是，她一直以为秦川是个积极向上、心态好的人，可事实上他很自卑，也很功利，总怕别人看不起他。一年后，秦川私自决定投资某个项目，拿走了家里的大部分储蓄。

林青气得大声斥责："咱们刚结婚没什么积蓄，哪有闲钱搞投资，你都不和我商量，太过分了！"

秦川说："就知道你不会同意，我自己干，和你没关系！"

"咱俩是夫妻，怎么没关系，关系大了！你太自私了，钱都拿走了，这日子怎么过！"

秦川任凭林青怎么吵闹，都保持沉默。这让林青觉得更受伤，她感觉自己就像个局外人，一点都不被尊重。

林青气得跑到婆家诉苦讨说法，公婆给了林青公道，项目投资算他们的，小两口的钱拿回来了。她满心欢喜，以为自己赢了，丈夫一定会向她道歉。没想到，秦川自此对她更是爱答不理，几乎不再和她说话了。

林青痛苦极了，无论她怎么主动与秦川沟通，甚至向他示好，希望能缓和彼此之间的关系，他都是冰冷着一张脸，毫无回应，软硬不吃，还搬到客房去睡了。林青感觉自己在家里完全成了一个透明人，秦川根本无视她的存在。

林青不知道自己的婚姻到底是怎么了，她也想不明白为什么秦川会是这个样子。她宁愿秦川跟自己大吵一架，也好过整天对着一个木头人。

一年后，林青实在无法忍受秦川的种种冷漠行为，于是和他协议离婚了。家人和朋友一片唏嘘，他们觉得林青在"作"，好好的婚姻就这么被她折腾完了。

林青清楚地记得，办完离婚手续那天，她最后一次问秦川："这都离婚了，你可以告诉我为什么不和我说话吗？"

秦川说："你做错了什么，你自己应该知道。你总是自以为是，没人能受得了你。"

直到最后，秦川还是拒绝和林青直接沟通，这让林青更加怀疑自己是不是真的做错了。

其实，林青不知道她一直处于丈夫秦川的冷暴力中。玛丽·弗朗斯·伊里戈杨在《冷暴力》一书中写道："冷暴力是一种精神虐待，它的手法十分细腻，不着痕迹，会经历数月甚至数年的酝酿。"

这种过程始于不尊重他人、说谎或单纯的操控行为，我们只有深受其害才会发现难以忍受。冷暴力行为甚至会对受虐者的心理健康造成严重威胁，很多受虐者不确定能否获得他人理解，所以只能默默忍受。

很多遭受冷暴力的人并没有意识到自己所遭受的伤害。《中国区域性妇女受暴力侵犯研究报告》对 4000 名受访者的调查数据显示，只有三成人认同"对妻子视若无睹"是一种家庭暴力。受伤者常常会认为："每户人家里肯定都有这样的事，过日子不就是这样吗？"她们不想被人认为"矫情""作""小题大做"。

相比身体暴力，冷暴力往往更隐蔽，不会引起重视。许多人为此饱受压力和煎熬，情绪被对方牵制，经常要到了关系结束之后才能意识到自己遭受了冷暴力。可以说，冷暴力是对一个人精神的凌迟。

冷暴力基本上是一种单向沟通模式，一方想要拉近关系，要么不断示好，要么反抗争吵，目的都是想和对方沟通，了解对方的想法。可偏偏另一方就是软硬不吃，拒绝直接沟通，根本不愿意讨论任何事，总是采取回避的态度。施虐者不会承认两人之间有问题，也就更不会通过沟通来寻求解决问题的办法。他要以沉默的方式让对方感觉自己有错，默默地把过错加诸对方。

约翰·戈特曼发现，夫妻缺乏积极的互动，处于冷暴力状态的婚姻关系走向解体的可能性会增加一倍以上。

在秦川和林青的关系中，秦川一直拒绝和林青沟通，当林青质问他的时候，他只是说结婚了，不想那么累，是林青太矫情了。他不觉得他们之间有什么问题，问题都是林青的，这让林青开始自我怀疑。

后来，秦川拿着他们所有的积蓄进行投资，也没和林青商量，让林青觉得自己完全被忽视了，开始寻求公婆的帮助。这时，冷暴力继续升级，他已经完全不在乎林青的感受。

归根结底，这些表现都表明了冷暴力的一个核心特点——被动攻击。被动攻击是用消极的、不明显的方式发泄愤怒的情绪，以此来攻击伴侣。他可能心里已经积有不满，却不会对你表达，暗地里则不作为、不合作。

回到故事的开始，为什么秦川要对林青实施冷暴力呢？冷暴力到底是出于什么样的心理？我们可以看到，秦川追了林青很久，林青一直在两个追求者之间犹豫，最终才和秦川确定关系。从追求林青到和林青谈恋爱的过程，秦川一直对林青很好，因为他觉得这段关系有很大的不确定性，所以一直迁就林青，希望两人能够确定关系。

他以为只要两人结婚了就一劳永逸了，自己不需要再去迁就对方。可没想到，林青一直还活在恋爱的甜蜜中，她希望秦川还能如恋爱时那样对她呵护备至。林青并不是他所认为的那么温顺，对他还有诸多要求。他为了取得关系的绝对掌控权，掌控林青，就开始对她实施冷暴力，企图通过保持安全距离的方式让林青听话。

《冷暴力》一书中也写道："掌控欲是实施冷暴力的重要原因之一。冷暴力的施虐方总是令伴侣处于阴晴不定、无所适从的情景中，借以施展掌控力，让伴侣动弹不得，来巩固自己的主宰地位。"

除了对关系的掌控欲会导致冷暴力，不肯对婚姻关系负责，也会导致冷暴力升级。施虐者不会直接结束关系，他会用忽视你、打击你的方式让你自己选择离开，这样他还可以以一个受害者的身份自居，你反而成了施暴者。

秦川在私自拿钱投资后，林青质问他无果，找公婆讨公道，从公婆那里拿到了投资的钱，这让秦川觉得很没面子，他对林青彻底失望，觉得这样的妻子根本不符合自己当初的期待，于是对她抱有冰冷的敌意，他们的关系也降到了冰点。但他不想对这段婚姻关系负责，他用沉默的方式告诉林青：一切都是她的错，是她的矫情和自以为是毁了这段关系。无论她怎么委曲求全都改变不了两人的关系，一切已无力挽回。他要让林青对这段婚姻关系负责，独自承担最终的后果。

在旁人看来，秦川好像一直没什么过错，没有家暴，也没有出轨，甚至都没有和林青吵过架。没有经受过冷暴力的人是无法体会到林青的痛苦的，秦川要让所有人都觉得，林青是导致婚姻失败的罪魁祸首。包括林青自己，也会怀疑自己是不是有问题。

所以，林青才会写信找我倾诉，尽管关系结束了，她却依旧没有从冷暴力的伤害中走出来。如果，你也正在遭遇与林青类似的经历，也在被伴侣冷暴力伤害，你不妨尝试以下几种做法。

1. 自我觉知，看清自己处于受虐者的位置

受虐者对于关系的边界认知是过度负责，因此受虐者要认清虐待的过程，明白自己为婚姻关系的冲突负全部责任是不合理的。要懂得守住自己的边界，明确哪些是自己的责任，并且要求对方承担他应负的责任。

客观冷静地分析问题，尊重自己的感受，不要自我怀疑。施虐者最大的目的就是让受虐者陷入自我谴责来为自己开脱。如果你真的开始自我怀疑，他的阴谋就得逞了，你就成了冷暴力的"共谋者"。了解冷暴力的手法和行为模式对于瓦解虐待行为至关重要，这是走出冷暴力伤害的第一步。

2. 转移注意力，关注自己

冷暴力能够对你造成伤害是因为你的关注点总是在他身上，你还对他抱有很多期待，渴望能够改变他，改变你们之间的关系。他正是了解了这点，才毫无顾虑地对你采取冷暴力，希望控制你。

你可以试着转移注意力，多关注自己，如果他冷着你，你就去做能让自己开心的事，让他明白你根本不在乎他的态度，你并没有被他影响。一旦他看到冷暴力对你不起作用，或许就开始转变态度了。这样，就能打破冷暴力的恶性循环。

3. 寻求心理对抗支持

寻求身边人的帮助，尽可能找信任的人进行倾诉，如果你知道有无条件站在你身边支持你的人，你会比孤军奋战好受得多。许多家庭治疗师认为，亲朋好友的干预会对冷暴力有一定影响，因为当受虐者感受到别人的理解，就会产生与对方抗衡的力量。

冷暴力不是最可怕的，任由自己被冷暴力摧毁才最可怕。当你发现自己正在被冷暴力时，一定要相信自己内心的感受，认清关系中的权力和控制，尽快采取适当的措施，远离伤害。

婚内孤独是婚姻里最大的绝望

最近，我收到读者小美的一封来信，通篇都在吐槽老公的不是。她觉得自己当初嫁给这个人，真是瞎了眼。小美一直以来是一个文艺女青年，情感丰富，心思细腻，喜欢浪漫。可老公大强却是个闷葫芦，两个人平时在家，常常话不投机，小美觉得老公完全不能理解自己的精神世界。

特别是生了小孩儿以后，大强的心思都在孩子身上，跟她聊的也都是孩子的事。小美觉得，自己虽然结婚了，但是比单身时更孤独，虽然身边有个人，却感觉像不存在一样。她觉得这样的婚姻令她很崩溃，情感需求找不到出口。

和小美的情况一样，很多夫妻在一起生活了数十年，却相处成了最熟悉的陌生人。他们在一起通常无话可说，无法进行精神世界的沟通，一方会感觉非常孤独，无处倾诉，另一方却无动于衷。这就是"婚内孤独"，明明结婚了，却感觉仍是自己一个人，生活中只有无孔不入的孤独感。

小美当初选择嫁给大强是觉得这个男人各方面条件都很不错，事业有成，有房有车，长得也比较帅气，基本符合她的择偶条件。她满怀期待地走入婚姻，对大强的要求越来越多，希望他可以成为自己的灵魂伴侣。她希望大强温柔浪漫，随时回应她的情感需求，能够走进她的内心世界，与她心有灵犀。

她将所有的情感需求都赋予大强，希望他能满足自己，懂得自己的喜怒哀乐。可是，她发现大强不仅不解风情，还很木讷，一点也不了解她的心思，几乎不会做浪漫的事。

她和大强在很多事情上观念也不太一致，沟通总是很不顺畅。这样的男人，这样的婚姻，根本不是她期待中的样子，小美怨气越来越重，大强也离她越来越远。久而久之，大强为了避免吵架冲突就选择少说话，两人的交流也就越来越少。

小美对大强抱的期望越大，失望也就越大。其实，小美一开始看中的是他的外在条件，觉得他应该是一个理想的结婚对象，便将自己所有对婚姻的期待都寄托在大强身上。小美的这份孤独感其实是来自期望的落空，她对婚姻和另一半的期望太高，以为结了婚，对方就能满足自己所有的情感需求。

这也是很多人存在的问题，他们把婚姻想象得太完美，对婚姻没有正确的认知。殊不知，从来没有一段婚姻能够满足你所有的期待，也不会有一个完美的人满足你所有的情感需求。婚姻只能解决你的部分问题，另一半也只能满足你的部分情感需求。婚姻不过是一场求仁得仁的亲密关系，能够解决你的核心需求已是一种幸运。

对小美来说，老公大强会赚钱、长得帅气、对家庭有责任心，也懂得心疼人，基本满足了小美最初对婚姻的需求。只是随着两人的结婚时间越来越长，小美越来越不满足，对大强的期待也越来越多，希望他能变成自己期待中的完美样子。但是在婚姻中你能够改变的只有自己，想要改变对方往往结果只能是失望。谁更痛苦，谁就去改变，这才是婚姻的真相。

如果你把所有期望都寄托于一段婚姻关系，把所有情感需求都寄托于一个人，你一定会失望。只有你自己，才能满足自己的所有期待，没有人有义务为了你的期待而生活。在婚姻里，我们对另一半投射的各种期待其实是自我缺失的部分。正是因为我们自己身上缺失那些东西，我们才不断向外索取。

作家麦基卓在《懂得爱》一书中写道："人在关系中选择具有特定特质的人，以符合内在的形象。"简言之，人都有既定的想法，认为什么人会是完美的伴侣，然后被符合这种形象的人吸引。他们相信自己能和这个理想人物建立关系，借此解决生活中的缺憾与不安全感。问题在于寻找某人来满足自己浪漫的愿望时，会把重心放到自身以外，于是变得软弱、不认识自己、无法和他人进行有关怀的对话。在关系中，伴侣会成为他们拥有的对象，而不是一个真实的人。

小美在这段婚姻关系里把大强当作一个理想的结婚对象，而不是当作一个真实的人。她没有试图去真正了解大强，只是一味地向他索取，要求对方满足自己的期待，其实这正反映了她内心的空虚，需要对方来认可自己，才能获得自我认同感。

一旦人们对自我的认同要靠别人来满足，也就失去了自我的完整性。在婚姻里，夫妻双方不一定需要志趣相投、精神世界共通，只要自己拥有完整丰富的精神世界，就不会因为对方没有满足自己而感到孤独。

内心的孤独，与另一个人并没有太大关系。简单点说，你不会因为一个人变得更加孤独，也不会因为一个人而不再孤独。孤独不以任何人的存在而有所改变，只是自我内心状态的投射。一个人最好的伴侣不是别人，而是自己的心，懂得自我满足，才能建立健康的亲密关系。走出婚内孤独，你可以尝试以下几种做法。

1. 学会自我满足

你可以去做一些自己喜欢的事，当你真正投入自己热爱的事时，你的内心也就变得充实，比如阅读、写作、听音乐、看电影、烹饪、运动，等等。只要你能全身心投入一件事中，孤独反而会成为一种能量，帮你催生出更好的自己。当你更多地向内求，专注于自我的成长，你的内心会越来越丰盛，便不再被孤独困扰。

2. 积极沟通

除了学会自我满足外，你也需要尝试和另一半积极沟通。想让另一半能够多了解你，首先你得先去了解另一半。沟通的基础是学会积极倾听，你可以多去听一听对方的需求是什么，而不是总是希望对方能够满足你的需求。

当对方能够感受到你对他的尊重和关心时，自然也就表现出更多的应答性，积极回应你的需求。人心都是相互的，你想要别人怎样对你，你首先要去怎样对别人。

学会积极倾听是良性沟通的第一步，然后你要去精确表达出你的需求，而不是总是想让对方去猜。很多人总是觉得一个人如果真的懂自己，应该不用说也知道自己想要什么，希望对方有读心术，任何时候都能读懂自己的喜怒哀乐，喜欢什么，不喜欢什么。如果对方读得不对，就觉得是他不够爱自己，不在乎自己。

试想一下，你能在任何时候都能读懂另一个人的心吗？你可能都做不到的事，为什么觉得别人能做到呢？就算你可以做到，也不代表你的另一半可以做到。你不表达出来，他可能就不知道你想要什么。与其让对方猜来猜去，独自神伤，不如开诚布公地说出你的想法，让对方更了解你，也能更好地满足你。

言语交流是亲密关系中非常重要的一部分，任何时候，都不要吝啬去表达自我。只有不断地表达自我，深入交流，两颗心才能越来越近，彼此的亲密感才能不断增强，孤独感也就会渐渐消失。

夫妻关系的亲密度，不是一方完全满足另一方的期待，我们更多的时候需要自己取悦自己。成熟的夫妻关系，不是把自己的期待强加在对方身上，或者为了成全对方而放弃自己，而是真正实现精神上的独立。

与一个人结婚，不是为了满足自己的欲望，而是两个人能更好地在婚姻中共同成长。在婚姻里，只有尽量保持自我的独立完整性，不再总是对外索求，不过分将自己的幸福建立在对另一半的期待上，才能在彼此的相处中获取更多的能量。

过度付出，是婚姻的隐形杀手

在情感咨询中，我经常会听到很多咨询者抱怨：为什么我对他付出了那么多，却落得一无所有的下场？难道他就看不到我的付出？我付出那么多，难道错了吗？

小丁的案例很有代表性，她是一个很善解人意的女孩，是典型的贤妻良母。她很爱她的老公，她觉得爱一个人就是要为他付出所有，不图任何回报。她为了照顾两个孩子和公婆，辞去了自己的工作，成了全职太太。

她每天把家里打扫得干干净净，想方设法为老公做可口的饭菜，自己手头的存款也都拿来给孩子和老公买吃的、用的、穿的，很少考虑自己的需求。她从不让老公插手家务，她觉得男人负责赚钱养家就够了，家里的一切都由自己操持。

渐渐地，她老公每次回家，鞋袜一脱就躺在沙发上看电视，什么也不干。小丁还经常切好水果，端一杯水放在他旁边，方便他吃喝，几乎把老公宠上了天。她说，我一定要让他觉得回家就是一种享受，让他爱上回家的感觉，让他觉得我是不可替代的。

可是，小丁几年如一日的付出换来的却是老公的出轨。小丁怎么也想不明白，自己为他都做到这个分儿上了，他怎么还不满足？为什么还要找小三？她质问老公为什么要这样对她。

她老公却说："你的付出经常让我觉得喘不过来气，你太能干了，家里好像根本不需要我，我也感觉不到你需要我。我想要的是一个可以和我聊得来的女人，而不是一个只会做家务，伺候我的'保姆'。"

小丁听到这话，非常生气。她觉得自己太可悲了，她以为为老公付出所有，不求回报，他肯定会越来越离不开自己，离不开这个家。没想到，到头来自己所做的这一切就是一场笑话。

在这个案例中，我想讨论的不是小丁老公出轨的问题，而是小丁在这场婚姻里过度付出的问题。小丁老公在这场婚姻里得到了太多，也太容易得到这一切，这反而让他变得有恃无恐，他理所当然地享受着小丁的付出。

婚姻里最大的悲哀，莫过于一个人不断付出，而另一个人却熟视无睹。小丁以为只要自己不断付出，对方就会感激涕零，那只不过是她一厢情愿的自我感动，她付出了所有，对方却不屑一顾。没有回应的付出，到头来只是一场空，不仅失去了婚姻，更失去了自我。

小丁当初的付出有多大，现在受到的伤害就有多深。是她亲手用一直以来无原则、无底线的付出，打磨着这把肆无忌惮伤害她的利剑。正是因为她太好了，她的好无以复加，让对方喘不过气，也没有回报的余地。

其实，爱也有边际效应递减规律。也就是说，当一个人的付出增加时，会换来一定效果，但是当付出持续增加时，效果的增加会越来越少，直到最后，无论付出如何增加，效果都不再增加。

如果一方一直无条件地向另一方付出，对方就无法在感情关系中显示自己的责任心和担当，有些不负责的人就会通过找第三者的方式来满足自我价值。过度付出模糊了夫妻彼此的界限，混乱了彼此的责任，打破了家庭的平衡。

很多人以为，自己付出越多，对方就会越觉得幸福，其实不然。心理学上有"公平理论"，是指只有在伴侣贡献较多，同时也得到较多时，亲密关系才是公平的。公平理论认为，处在不公平的亲密关系中的任何一方都是紧张的。我们都能理解为什么获益不足的伴侣会不快乐，但其实过度获益的伴侣虽然得到很多好处，却也感觉不快乐，因为他们在一定程度上会有负疚感。只有伴侣双方都得到公平结果时，每个人才最为满足。任何人在面对公平关系的偏离时都会感到苦恼，到最后都会厌恶不公平，会想方设法改变或逃避不公平的关系。

过度付出者一般会觉得，只有不断付出，自己才会被爱，并且付出越多，对方就会爱自己越多。他们的价值感来源于别人对自己的认同和肯定，只有不断地对别人好，才能弥补内心的不安全感。

他们经常会打着"为你好"的名义控制对方。所以，他们在付出的同时，实际上也是在"索取"，索取对方的认可和感激。他们自己或许并没有意识到这一点，以为自己的付出不求回报，但无形中却在给伴侣施加精神压力：我已经对你这么好了，你应该更加爱我。

在不公平的亲密关系中，接受者为了减少内心的负疚感和压力，会发动自己的防御机制来减少这些不舒服的感觉。在接受伴侣付出的初期，他们可能也会用同样的行动回馈伴侣。但时间长了，他们发现，无论自己怎么做，也不如伴侣努力，根本没有自己发挥的空间。伴侣好像也并不在乎他是否付出，自己是否付出对关系也没有什么实质性影响，那不如就心安理得地接受伴侣的付出。

当完全接受伴侣付出时，他们为了掩饰内心的负疚感，防御机制会再次启动。他们的潜意识告诉自己：那是他心甘情愿做的，并不是我要求他做的。久而久之，他们就会把伴侣的付出当成理所当然，伴侣的付出在他们的眼里也就越来越没有价值。他们不想再承受伴侣施加给自己的精神压力，最后很可能会选择逃离这段关系。

心理治疗师海灵格说过："最好的关系是彼此慷慨地付出和坦然地接受，通过这种交换，双方的接受和付出达成了一种平衡，且彼此都感到自己在这个关系中富有价值。"

在婚姻关系中，很多人都扮演着无怨无悔付出者的角色，另一方被动地接受，这种不平衡的关系只会让彼此渐行渐远。因为付出方会越来越累，接受方也会习以为常，渐渐觉得对方并不需要自己。这样一来，双方的价值感都会越来越低。而长久稳定的婚姻关系一定是双方的价值都能被不断地满足，这就需要双方都有所付出。当双方都付出了，就会为了自己的付出，更好地经营这段关系，更加珍惜彼此。令人感到遗憾的是，有的时候，一段婚姻关系的瓦解，付出者往往是始作俑者。过度付出，是婚姻的隐形杀手。

如果你在婚姻中正扮演着过度付出者的角色，请停下来，听一听自己内心真实的声音，想清楚自己真实的需求是什么。你这样无条件地付出，真的开心吗？还是觉得只有如此付出，才能得到伴侣的爱？同时，也不妨去听一听伴侣内心的真实需求是什么。他真的希望你这样付出吗？他想要的是能和他平等沟通、互相理解的伴侣，还是只知道付出，不懂得互动的伴侣？

当弄清楚自己的真实需求时，你才能真正爱自己，而不是总是在索取伴侣的爱，企图通过不断付出获得伴侣的认可和依恋。当弄清楚了对方的真实需求时，你就不会只是一味地付出，觉得对方需要这样的付出。

你会试着根据他的真实需求，以他需要的方式去爱他，你爱得自如，他受得幸福。只有懂得爱自己爱他人，彼此内心的真实需求都能得以满足，双方才能在这段关系中感受到真正的亲密。

好的婚姻，一定是夫妻双方势均力敌地付出，只有相互付出，相互滋养，才能为爱搭建一座稳固的桥梁。爱不是单方面的付出，而是一场双向的流动，在爱的流动中，夫妻双方的能量才会越来越富足，婚姻也会越来越幸福。

打破精神控制，活出独立人格

在我的读者朋友中总有这样的女人，她们明明自身条件很好，工作出色，生活也充实，但一到亲密关系中就跟变了一个人似的，变得自卑敏感，患得患失，总是处在自我怀疑中，小心翼翼地维护着自己的感情。芳芳就是如此。

芳芳和男朋友小辉恋爱两年多了，对待这份感情依然患得患失，没有安全感，因为小辉总是对她忽冷忽热。芳芳自身条件其实很不错，她性格温柔，长得也算好看，有着稳定的工作，上进心很强。

可是面对小辉，她总是觉得自己配不上他。小辉告诉芳芳自己喜欢短发女生，那样很酷。她为了变成小辉喜欢的模样，狠心把自己的一头长发剪短了。小辉喜欢有点肉肉的女人，觉得那样会更性感。芳芳就刻意增肥，把原本苗条的自己变成微胖的样子。小辉不喜欢女人穿裙子，说穿短裤的女人更有个性。芳芳就把自己所有的长裙收起来，和小辉在一起时总是穿着短裤。

尽管芳芳在努力把自己改造成小辉喜欢的模样，小辉依旧经常打击她："你怎么这么笨，一点小事做不好""你太情绪化了，真的很幼稚""你太古板了，有点不知变通""你这样一点都不可爱，有点无趣"……

无论芳芳做什么，小辉都能挑出毛病来。他经常把芳芳说得一无是处，还说是为了芳芳好，希望芳芳能够变得更优秀。芳芳刚开始还觉得很挫败、很愤怒，怀疑自己的同时，也会为自己辩解，企图得到对方的认可。

最后，她发现自己无论怎么和小辉争论，也得不到他的认可，自己好像真的很差劲。他说的都是对的，只有按照他说的去做，才能得到他的认可。于是，小辉越是打压她，她越是觉得自己需要做更多，变得更完美，才能配得上小辉。

其实，芳芳在无形中被男友小辉精神控制而不自知。在心理学中，这一十分普遍又隐秘的情感虐待和操纵现象也被叫作"煤气灯效应"。它指的是在一段"共谋"式的关系中，一方作为操纵者，扮演凡事都正确的角色，以此保持自己的身份认知和握有实权的感觉；而另一方作为被操纵者，任由操纵者定义自己，把他过度理想化，总期待得到他的认可。

煤气灯操纵非常隐蔽，它其实是利用了人们内心深处的恐惧和对被理解、被欣赏和被爱的渴望。当深爱的人以非常确信的方式说出某些话，这些话听起来又有些许道理，又或者触及了伴侣对爱的渴求，伴侣很难不去相信他。煤气灯操纵者需要扮演凡事都正确的角色，被操纵者又需要获得他的认可，于是煤气灯操纵就会持续下去。

简单来说，容易被精神控制的人情感上基本都是匮乏的，十分缺爱。他们迫切希望得到伴侣的认可和肯定，哪怕伴侣一直在贬低、打压自己，他们也觉得伴侣是对的，是在帮助自己成长。他们觉得只要努力改变自己，让自己变成对方期待的样子，就能得到对方的认可和爱。

　　我的朋友芳芳就是这样，她一直比较缺爱，内心很期望得到认可。她出生于一个重男轻女的家庭，在家里排行老二。父母生了姐姐后，一直都想要个男孩，当时计划生育政策正紧，好不容易等了三年，可以再生一个，结果又生了一个女儿，就是芳芳。

　　因此，芳芳从小就不受待见，爷爷奶奶甚至都没带过她，父母也觉得她是个累赘。为了再生一个，在芳芳一岁多时，家里就把她送给外婆带了。等到弟弟降临，芳芳在这个家更是多余的人，她的整个童年都是在外婆家度过的，没有得到过父母的宠爱。成长在这样的家庭里，芳芳内心深处一直觉得自己是不配被爱的，她把父母对自己的忽视归因于自己不够好，不讨人喜欢。

　　所以，当她走入一段亲密关系中，只要对方稍微对她好点，说爱她，她就会紧紧抓住这份爱。因为从小没被好好爱过，她不知道真正的爱是什么样的。以为只要有人愿意对她好，和她在一起，给她温暖的拥抱，一直陪着她，就是真正的爱了。

　　她好不容易得到男友的爱，哪怕这份爱已经在无形中操控着她的精神世界，她也甘愿受困其中，因为她太害怕"被抛弃"的感觉了。于是，她越发渴望获得对方的认同，她认为只有获得伴侣的爱和认可，才能证明自己是一个值得被爱的女人。如果再被抛弃，那就证明了自己的一无是处。而她实现认同的途径就是无条件满足对方，不仅在看法上认同，也试图从行为上去改变，从内而外，完全变成了对方的木偶。

心理学家罗宾·斯特恩在《煤气灯效应》一书中写道："我们极度渴望某段关系有好结果。离开或疏远一段关系都可能会引发严重的孤独感。它似乎远比最糟糕的煤气灯操纵还要痛苦和可怕。于是我们把煤气灯操纵者理想化，而不去面对令人不悦和不满的现实。"

被操纵者越是缺爱，就越容易被操纵。他们觉得只要自己再努力一点，变得再优秀一点，就能得到对方的认可。他们幻想靠自己的努力，就可以改变当下的亲密关系。实际上，这种现象的根本是他们的内心小孩想要改变过往与父母的关系，改变童年时无法掌控的事情。可最终，他们让自己反复深陷到熟悉的痛苦中无法自拔。

他们越是无条件满足对方，对方就越是变本加厉地打压、无视他们，他们就越得不到爱，甚至得不到尊重。他们反过来更迫切渴望得到爱和认可，从而进入一种恶性循环。他们只关注到自己是否被爱，很难意识到自己被对方操纵了。

任何一种关系，本质上都存在权力的博弈，即谁主导以及如何实施并强化这样一种主导地位。这里要引入"投射性认同"的心理学概念做进一步解释。投射性认同是一个人诱导他人以一种特定的方式行动或者做出反应的人际行为模式。

精神控制的核心问题是权力，操纵者试图用某些方式来确认自己的权力，比如操纵者通过言语和行为的打压、侮辱并贬低对方，诱导对方去相信自己的软弱无力，随时向对方传达着"你无法离开我而生存"的信息，对方是虚弱的、无能的，而操纵者是强大的、正确的，来确保他的地位。这其实就是操纵者"投射性认同"的过程。

被困在精神控制里的人往往都是无意识的。只有从根本上认识到正是自己内心情感的匮乏，导致自己进入这种不平等的关系模式，才能摆脱这种恶性循环。如果你正在被精神控制，想要获得改变，你可以尝试以下几种方法。

1. 相信你的直觉，关注你的内心感受

当你在一段关系中总是被否定、被打压，你觉得很自卑、很痛苦时，你要重视这些内心感受，相信自己的直觉。真正好的关系，一定是轻松愉悦的，可以让你做真实舒展的自己。

一个真正爱你的人，一定会以你舒服的方式爱你，和你一起成长。无论你做得好与不好，他都不会打压你、轻视你，他会无条件接纳你、包容你，你会变得越来越自信，越来越有力量。

如果你觉得一段关系让自己的价值感越来越低，要相信那不一定是你自身的问题，也许是这段关系模式出现了问题。如果你发现自己正在被精神控制，趁早结束它是最好的选择。

2. 无条件接纳自己，给予自己力量

被操纵者通常都是内心缺乏力量的人，他们需要靠别人来肯定自己，给自己力量。所以，改变的根本就是学会给予自己力量。《煤气灯效应》一书也给出了一些具体建议。

- 列出你的优点。
- 质疑自我批判或否定的想法，比如"我一无是处"或"我永远也不会开心"。
- 做让你觉得自己很有能力的事。
- 避开对你持有负面意见、消耗你精力的人。

· 接触看得到你的优点并支持你的人。

· 利用你的优点应对挑战。

只有你从内心深处无条件接纳自己，不再把对自身价值的肯定建立在别人的评价上，学会肯定自己，永远爱自己，你才有可能摆脱别人的操纵。

3. 停止仅靠自己就能改变糟糕关系的幻想

改变一段关系，从来不是靠一个人单方面的努力，而是需要双方共同努力。如果一段关系总是需要你去改变，对方却从不改变，你就要好好审视下这段关系是不是平等的。如果一开始就是不平等的关系，无论你怎么努力都无法改变，你越努力，关系反而越不平等。

爱从来不是乞求来的，而是吸引来的。你总是在努力变成他想要的样子，其实就是在乞求他来爱你。你需要做的不是改变自己，而是活出真实的自己，展现出自身独有的魅力，吸引来真正懂你、爱你的人。

你要意识到你的内心小孩已经长大了，不需要再依赖别人，你已经有能力照顾好自己。活出独立人格，才能打破精神控制。你对爱的需求，不是来自内心的匮乏，而是基于对爱的向往，有这样的态度才有可能遇见平等良好的关系。

人本主义心理学家罗杰斯曾说："真正的爱是建立在尊重与平等之上的，任何以爱为名的打压与践踏都是爱的谎言。"每个人都渴望爱与被爱，但你需要知道什么是真正的爱，才有可能获得真爱。

如果你也深陷在一段糟糕的关系中，请不要责备自己，更不要看低自己。你只是极度渴望被爱罢了，这不是你的错。你也要知道，你是可以选择结束这段糟糕的关系的。你要相信，你值得被认可，被好好爱，幸福的亲密关系正在未来等着你。

5

PART

第五部分

做更好的自己，提升沟通质量

你的依恋类型，决定了你的亲密关系模式

　　我有个朋友叫林浩，今年35岁，谈了很多次恋爱，就是不肯结婚。几乎在每段恋爱中，当他感觉到对方想结婚，想要和他建立稳定长久的关系，对他太过依赖时，他就开始选择逃避，不想被这段关系束缚。所以，他的每段恋爱经历几乎都没超过两年。

　　而且，他特别容易被那种非常独立的，比他强的女孩儿吸引，最好对方身上有他没有而他又特别渴望拥有的东西。他觉得那样的女孩儿很有魅力，能力强又独立自主，不会依赖他人。跟这样的女孩儿谈恋爱，他会觉得很省心，不用担心她们总是会黏着自己，也不必做出承诺。

　　林浩内心深处渴望得到爱，但又害怕彼此关系太过亲近。所以，他一般在亲密关系中也不会完全暴露真实的自己。他说，过于暴露自己容易让自己陷入被动状态，万一真实的自己不被喜欢，又或者让对方抓住了软肋，自己要想抽身就很难了。因此，他总是对伴侣若即若离，保持神秘感。

　　其实，林浩在亲密关系中的表现与他早期形成的依恋模式有很大关系。他的父母感情一直不好，经常吵架，妈妈一吵架就会

对林浩发火。

他从小到大一直经历着情感忽视，没能从父母那里获得足够的情感关注。所以，他渐渐形成恐惧型依恋模式，想要亲近妈妈，又害怕亲近妈妈。父母不和谐的婚姻关系也让他对婚姻充满了恐惧。

所以在成年后，这种早期依恋模式也延续到了他的亲密关系模式中。他喜欢保持恋爱的状态，但又不想对一段关系负责到底。一旦关系太过亲密，对方的依赖超出自己能承受的范围，他就开始逃离，结束这段关系，然后再开始另一段关系。

人际关系专家巴塞洛缪指出，人们避免和他人亲密接触，有两种原因：一种情况是人们期望和他人交往，但又对他人戒心重重，害怕被人拒绝和欺骗；另一种情况是人们独立自主、自力更生，真正地喜欢我行我素和自由自在，而不愿意与他人发生紧密的依恋关系。

因此，巴塞洛缪在前人的基础上，根据人们在关系中的"焦虑"和"回避"程度，对成人的依恋模式进行分类。其中，高焦虑的人总是害怕对方会离开自己或不重视自己，低焦虑的人则不会有这样的担心。高回避的人容易对彼此间的亲密感到不适，低回避的人则乐于亲近他人。

根据以上标准，他在《亲密关系》一书中认为成人有四种依恋类型：第一种是"安全型"，和儿童的安全型依恋完全相同。这个类型的人既不担心被抛弃，也乐于亲密，与伴侣既能相互独立，又能相互依赖。

第二种是"痴迷型"，这种类型的人若要感觉心安，就得过分地依赖于他人的赞许，所以他们过度地寻求认同，沉溺于亲密关系，担心关系破裂。

第三种"恐惧型"和第四种"疏离型"反映了两种不同的回避模式。恐惧型的人因为害怕被抛弃，而极力避免和他人发生深层亲密关系。虽然他们希望有人喜欢自己，但更担心自己因此离不开别人。他们总是在亲密与疏远之间挣扎徘徊，也很容易让自己陷入分分合合的戏剧化关系之中。他们总是试图压抑和隐藏自己的真实感受和想法，害怕在伴侣面前暴露自己脆弱、依赖的一面。他们回避依恋的原因在于小时候有过被忽视的体验，或者从小就没有得到过"亲密"的示范。

相反，疏离型的人认为和他人建立亲密关系是一件得不偿失的事。他们拒绝和他人相互依赖，因为他们相信自己能自力更生，也不在乎他人是否喜欢自己，对亲密关系不感兴趣。

依恋类型一旦形成，就会决定人们与他人交往时显示出的独特个体特征。每个人都是由不同的经验和特质组合而成的独特个体，正是这些差异影响了我们的亲密关系。

罗兰·米勒在《亲密关系》一书中写道：在爱情关系中，某些依恋类型的匹配可能比其他的匹配要好得多，更让人满足和稳定。比如，痴迷型的人爱上了疏离型的人，就产生了依恋类型的不匹配。痴迷型的人会因对方的感情疏远而气馁，而疏离型的人则会因对方的依赖和干涉而烦恼。双方都不如与安全型的爱人相处时轻松。

但往往不安全依恋类型的人更容易被其他不安全类型的人吸引。因为在他们过往的依恋关系中，没有感受过安全型依恋模式，也就很难被安全型的人吸引。

两个不安全类型的人走到一起，亲密关系就很容易出现问题。因此，不安全类型的人必须意识到自己的依恋模式存在问题，并积极改变自己，才能进入一段健康安全的亲密关系中。

想要改变自己，就得先知道自己的依恋类型可能是什么，又是怎样形成的。随着越来越多研究者的关注，有越来越多的证据表明，依恋风格的形成并不是由单一因素导致的。

形成依恋风格模式的因素，是一个互相关联的整体，其中包括：生命早期与父母的关系、遗传基因以及成人以后的恋爱经历，等等。一般来说，有70%到75%的人成年之后保持了早期的依恋风格，而剩下25%到30%的人的依恋风格有所变化。

研究者认为，这种依恋风格的转变多半要归因于成年以后的恋爱经历。这些恋爱经历的作用非常强大，甚至会颠覆人们对于亲密关系的信念与态度。幸运的是，我们的依恋类型并不是无法改变的，我们可以通过自己的努力，勇于尝试新的情感体验，一点点去更新和改写我们的依恋模式。

1. 觉察自己的依恋模式

当你在亲密关系中总是出现同样的问题，比如总是太过依赖对方，患得患失；或者害怕亲密，无法经营一段长久稳定的关系；又或者压根就不想与人建立亲密关系，觉得亲密关系都是不可靠的。你可能需要觉察一下自己是否一直深陷在不安全的依恋模式中。

你可以回顾一下自己的过往感情经历，通过专业依恋风格测试，去确定自己的依恋模式。你也可以从下面两个维度，来最终确定自己的依恋风格：你对亲密关系的舒适程度（或者说回避程度），你对伴侣的爱意和恋爱关系所秉持的关注与投入程度。

如果你对自己和伴侣的亲密行为感到非常享受，不过度地关注你们之间的关系，也不过分纠结于伴侣是否同样爱你，而是任其自然发展，那么你就属于安全型依恋风格。

如果你非常渴望亲密关系，渴望与伴侣形影不离，但同时你又对关系的最终走向有着强烈的不安全感。伴侣一点点细微的举止，就会让你大动干戈，那么你或许属于痴迷型依恋风格。

如果与伴侣太过亲密会让你感到不适，并且你将独立和自由看得高于亲密关系，此外，你不太理会伴侣的感受以及对你的评价，那么你或许属于回避型依恋风格。

觉察自己的依恋风格可以帮助你更好地认识自己，同时，你也可以通过这种方式去判断自己另一半的依恋风格。了解双方的依恋风格，对你们的交往有着非常重要的指导意义。

2. 与伴侣保持有效沟通

在亲密关系中，不同依恋风格的人会有不同的需求。这些需求各有差别，但是不分好坏。作为痴迷型依恋风格，你会产生很强烈的亲密需求，每时每刻都需要确认伴侣对你的爱与尊重。

而回避型的人则更看重独立需求，无论是在身体还是情感上，都希望和伴侣之间留有一定空间，保持距离感。为了亲密关系的和谐，你应该摒弃攻击与防御行为，找到有效的方式来清楚地沟通彼此的亲密需求。

你要相信，将自己的依恋表达出来并不会成为你的软肋，反而可以让你建立起自信，感到安心。当然，有效沟通的意思是，你的沟通方式不会充满攻击性，不会激怒对方，不会让他感觉到自己深陷责备，而同时又让他放下戒备，对你敞开心扉。

在心理学家阿米尔·莱文和蕾切尔·赫尔勒所写的《关系的重建》

这本书中，作者针对不同的依恋风格提出了有效沟通的策略，你可以试试以下几种方式。

针对痴迷型依恋风格的人——你一旦感觉自己开始采取防御行为，就需要进行有效沟通。当你的伴侣有些话语和做法激起了你的依恋机制，并且让你感觉自己快要爆发，想要通过一些防御行为来反击的时候，你需要厘清自己真正的需求是什么，在你完全冷静下来以后，再去进行有效沟通。

针对回避型依恋风格的人——在你感觉被束缚得几近窒息时，你可以通过有效沟通向伴侣解释，说自己需要一点空间，并且寻找到双方都可以接受的方式。比如，在确保对方的情绪能被照顾到的情况下，尝试着做出一些改变。

在进行有效沟通时，尽量保持以下五个沟通原则，会让沟通更加顺畅。

·保持内心的坦诚。有效沟通需要你保持真挚与诚恳的态度，要勇于坦露自己的情感。

·关注自己的需求，保证你的需求得以表达出来。当然，你在表达自己诉求的同时，也要考虑伴侣的感受。在表达需求的时候，使用一些"我需要""我感觉""我想要"这类动词是很有帮助的，它们可以帮助你将焦点集中于自己的需求本身，而非归咎于伴侣身上。比如，你可以说："你在朋友面前跟我唱反调的时候，真的让我很受挫，我希望你能尊重我的意见。"

·学会强调重点。如果你仅仅平铺直叙地表述，伴侣很难准确地捕捉到你需要的东西。这也让对方更难正确理解你的意思，因此，你要准确地表述出困扰你的点。比如，你可以说："当你夜不归宿的时候……""当你对我置之不理的时候……"

·不要一味责怪。千万不要让对方感到自己自私、无能或者愚蠢。有效沟通并不意味着无限地放大对方的缺点，一味责备只会让你偏离原来的主题，再次让事情陷入僵局。当情绪起伏非常大的时候进行沟通反而会适得其反，因为此时的你会非常吹毛求疵。因此，你一定要在自己足够冷静的情况下，再开始进行沟通。

·要立场坚定，不要步步退让。亲密关系中的需求往往具有相对稳定的周期性，虽然不同依恋风格的人会觉得某些需求不太合理。但大家的出发点都是希望亲密关系和谐。因此，坚定地表达需求是有效沟通的关键。

我们的依恋风格不是一成不变的，成人依恋理论显示，依恋风格的形成需要很长时间，也在不断地调整，因此我们都有可塑性。学习新的亲密关系技能，什么时候都不迟。

只有我们不断觉察自己的依恋状态，更加深入地了解自己，才能加强有效沟通，提升沟通质量，从而让双方更加适应彼此的依恋风格，满足彼此的情感需求，甚至改变彼此的依恋风格，最终两人变得更合拍。

当然，这需要双方共同的努力，也需要一个漫长的过程，可能需要你们打破自我，再去重塑自我。但这一切的努力都是值得的，因为你们会收获更和谐、更安全的亲密关系模式，从亲密关系中获得更多的内在能量。

走出原生家庭创伤，建立健康的亲密关系

很多人在走入亲密关系时其实都带着原生家庭的创伤。如果我们没有意识到这点，就会在亲密关系出现问题时，不知道怎么解决或者直接逃避问题。当创伤被激发时，只有直面原生家庭的创伤，进行自我疗愈，走出创伤，才能拥有一段健康的亲密关系。

最近，我收到一封读者珍妮的来信，她在信中表达了自己对于亲密关系的困惑。她有过三段恋情，最后一段也就是刚刚结束的婚姻关系。在这段婚姻关系中，她的老公总是会说，他感觉珍妮并不爱他，也根本不信任他。他们总是会因此吵架，她老公觉得实在是太累了。

这次离婚的导火索是珍妮想要买一套属于自己的房子。他们现在住的这套房子是她老公在他们婚前买的，包括车子也是。所以，这让珍妮觉得安全感不足，她总是会想着要是哪天他们离婚了，她该怎么办。没有自己的房子，终究没有归属感。在她看来，有自己的房子才是安全感和归属感的来源。

当她跟老公说起这个想法时，她老公内心一直以来积累的不

满一触即发，他觉得自己居然比不上一套房子，房子能带给她的安全感和归属感，自己却给不了。

他认为，珍妮买房子其实就是做好了随时离开他的准备，他不是不同意她买房子，是接受不了她以这样的理由买房子。在这段婚姻中，他一直觉得珍妮根本不需要他，好像随时可以毫无牵挂地离开。既然如此，不如就此放手好了，没有信任感的婚姻也没有持续下去的意义。

珍妮说，她实在不懂为什么和她在一起的男人都会有这种想法，前两任男友也对她说过类似的话。一个男友说过："我觉得你根本不需要男人，我在你的生活中就是多余的，我感觉不到你对我有任何依赖。"还有一个男友说过："你对我缺乏最基本的信任，你最爱的永远都是你自己，我在你的生命中只排在最末位。"

她明明爱着他们，为什么他们都如此说自己？难道爱一个人，就必须得依赖对方，完全信任他吗？珍妮觉得，自己一直是个缺乏安全感的人，所以非常努力地在给自己创造安全感，她不想把自己的安全感寄托在任何人身上，包括自己的另一半，这是靠不住的。难道这样的想法错了吗？

安全感靠自己给，是没错的。但对于安全感和归属感的过分执着可能会在无形中让伴侣受到伤害，信任感的缺失才是最根本的问题。信任感是一段婚姻的基石，缺乏信任感的亲密关系，很难建立深度的连接，也就很容易瓦解。

珍妮对人很难产生信任，与她在原生家庭中受到的伤害有很大关系。珍妮三岁那年，被迫寄养在亲戚家里。亲戚家还有一个小表妹，是大家的心头肉，大家的关注点都是她，所以珍妮常常被所有人忽视。没人能想到她有什么需求，她也不敢提出什么需求。

她表达过自己的需求，也展现过自己的脆弱，但却遭到亲戚的训斥："你要知道，我们收留你也很不容易，你父母现在没法照顾你，你在这里就要懂事点，不要给我们惹麻烦。我们供你吃喝，让你上学，你要知道感恩。"从那以后，她就学会了乖乖闭嘴，再也不敢提任何需求。这也让她觉得自己的需求没人会在意，她也不再相信有人能够懂得她的需求，懂得她的脆弱。

亲戚家的小表妹也常常以居高临下的态度对待珍妮，时刻告诉珍妮，她不属于这个家，她不配拥有这里的一切，她就是多余的存在。寄人篱下的日子让珍妮始终没有归属感，也缺乏安全感，活得小心翼翼。

于是，她在很小的时候就渴望拥有一套属于自己的房子，有父母相伴，随心所欲地生活，不必看外人脸色行事。房子似乎成了她心底的一种执念，代表了归属感和安全感。

儿时的这段经历，不仅让珍妮失去了对人的基本信任，更失去了爱一个人的能力。因为没被好好爱过，便不知道如何去爱一个人。所以，当她进入亲密关系时，她就不敢展现自己的脆弱面，更不敢轻易去相信伴侣。

她害怕一旦展现出自己柔软、脆弱的一面，就会被对方伤害和抛弃。她不愿意给自己机会去信任任何人，好像只有这样才有可能永远不被抛弃，不被伤害。她已经建立起高度警觉的信任系统，给自己筑起了一座心墙，也给自己戴起一个面具，很难有人能够真正走进她的内心世界。

所以，珍妮的历任男友都觉得她不爱他们。因为她对他们从来不表达任何需求，好像什么事都可以自己搞定，也很少会表露自己脆弱的一面，更不会像其他女人那样撒娇。

她一贯的态度更多的是冷漠而平静。她已经习惯了把自己的需求和感受藏在心里，很少流露自己真实的情绪，即使偶尔情绪外露，被伴侣发现，问起怎么了，她也不愿意告诉他们自己真正的需求。她怕自己说了以后，他们做不到，会让自己更加失望。事实上，珍妮的做法让伴侣非常苦恼，好像永远都要猜测她到底需要什么。这让伴侣非常有挫败感，觉得自己不被需要，不被信任。

久而久之，伴侣在这段关系中就越来越累。而当一个个伴侣离珍妮而去，珍妮愈加觉得谁也不值得信任，她似乎永远也找不到陪伴自己一生的人了。如果珍妮不能真正意识到原生家庭之伤给自己造成的影响，做出实质性的改变，她可能无论和谁恋爱，都无法摆脱这种恶性循环。

其实，像珍妮这样带着原生家庭创伤走入亲密关系的人有很多，他们有各种各样的问题，都是带着旧有的与人相处的模式进入亲密关系，无形中也把伴侣代入自己的原生家庭的某个角色中。想要打破这种不健康的亲密关系，你得先走出原生家庭的创伤，并尝试与伴侣深度沟通，让伴侣了解过去的你，陪你一起走出创伤。你可以试试以下几种方法。

1. 与自己的内心小孩对话，强大成年自我

你要意识到，你现在已经成年了，不再是以前那个弱小无助的小孩了，也就不用再担心被人抛弃。你不必再小心翼翼地生活在自己的面具下，可以放心地去信任和依赖你爱的人，哪怕最后分开，你也有能力承担起这个结局。

你可以尝试与自己的内心小孩对话，在脑海里想象一下，已经成年的你正在慢慢地走向儿时的你，待你走近后，你可以握住儿时自己的手，温柔而坚定地告诉他：你已经具备的能力，拥有的东西和爱自己的人。

你会发现，自己真的比儿时成长了很多，也强大了很多，积攒了超过儿时的力量。一路走来，虽然很不容易，但你已经拥有了自我生长的顽强的生命力。你可以面对生活中的任何困难，也不再害怕任何人的离开。

当你体会到了自身的强大力量后，你就不会总是用"受害者"的眼光去看待过去在原生家庭受到的伤害。你会知道，在成长的道路上，你比自己想象的更坚强，你可以带着这种力量重新审视过去一些痛苦的经历，或许会有新的体验和感受。

2. 摘掉面具，展现真实的自己

心理学家温尼科特说过，真我是以内心的真实体验为原动力的自我，它是我们最诚实的、最精准的自我感悟，它能够带领我们过上最适合自己的生活。但很多在原生家庭受到伤害的人，早已戴上了"假我"的面具，来适应无法接纳和尊重真我的家庭环境。渐渐地，他们模糊了假我与真我的界限。有时，甚至忘了真实的自己是什么样的。

过去的你，一直在逃避面对真实的自我。因为小时候的你只能根

据原生家庭的需求来限制自我，而不是根据你内心真正的需求和渴望来展现自我。在面具下，你失去了自己的真实性和自由性，也失去了和他人建立深层次连接的能力。

"面具"硬生生地阻碍了你与伴侣的真实相处，极大地破坏了关系中的信任感和亲密感。你会猜疑，伴侣爱的到底是我，还是我的"面具"。你也会恐惧，万一不小心暴露了真我，会不会被伴侣抛弃。在亲密关系中，一旦缺乏信任感，你就不会愿意付出全部的真情与真心，也不敢更进一步地走入彼此的内心世界。

通过第一步，你意识到了自己的成年自我已经变得强大。所以，你可以试着把自己从"面具"中解放出来，向伴侣展现真实的自己。允许自己释放一些曾经被原生家庭禁锢的情绪，允许自己展现一些曾经被原生家庭限制的自我表现，允许自己流露出真实的情绪，表达自己真实的需求。这样才能让伴侣看到和了解一个完整的、真实的你。这也是信任的表现，人们只有在自己真正信任的人面前，才能毫无保留地呈现真实的自己。

3. 与伴侣深入沟通，讲述自己的故事

想要与伴侣建立深层次的连接，就不要害怕暴露自己脆弱的一面，不要害怕自己的脆弱会让伴侣瞧不起，不要害怕伴侣无法理解自己。你可以向他讲述你原生家庭的故事，这个讲述的过程也是自我表露的过程，会让伴侣更加了解你的过去，对你现在的表现有全新的理解和认识，也会更懂得包容你的不完美。

要相信，真正爱你的人一定会接纳你的一切，也会陪伴你成长。完美的人是不真实的，不完美才是真实。当你完全地呈现出自己脆弱无助的一面，他能体会到一种被需要感，并且给你提供情感上的依赖。

不要害怕依赖，适度的依赖才能建立彼此之间的亲密感。

接纳和展现真实的自己，才能拥有一段真实的亲密关系。在这段关系中，你应该是自由的、安全的。你既能展现自己快乐、积极、美好的一面，也能暴露自己脆弱、伤痛、阴暗的一面。

只有多与伴侣进行深入沟通，在真我的引领下，你才能找到志同道合的伴侣，与他建立信任的、自然的、真实的亲密连接。你和伴侣真心地付出，真诚地相处，既享受亲密关系中的甜蜜美好，也直面其中的矛盾冲突。

如此，你才能更加理性、诚实地看待自己的亲密关系，而不是一味地逃避亲密或者把它当成弥补原生家庭伤害的工具。只有真正直面和治愈你内心的创伤，才更有可能建立一段健康持久的亲密关系。

不要试图改造伴侣

很多人在走入婚姻以后，会发现自己的伴侣有很多缺点和毛病，与当初那个和自己恋爱的人好像有了差距，于是心里开始不平衡，对对方的很多行为都看不惯。其实，他的这些缺点一直都在，只是两个人在一起生活后，他的缺点被无限放大了。

我的老公王先生一直以来是一个慢性子的人，反应比较慢，有时候跟不上我的节奏，但是他很真诚，在我面前从不会伪装自己，单纯简单。他的表达能力不是很好，说话也比较慢，却给了我更多的说话机会，我本身很爱说话，他就成了很好的倾听者，满足了我的表达欲。他不爱说甜言蜜语，那就由我来说，我有着丰富的诗情画意的语言，正怕无处释放，他就成了最好的诉说对象。

在你开始嫌弃另一半的种种缺点时，有没有想过他的这些缺点其实一直都有，你也知道，而你当初爱上的就是这样的他，如今为什么不能选择理解和包容呢？我当初看上的就是王先生的真诚朴素、善良正直，而且无条件地爱我，他爱我并不是因为我值不值得，只是因为他爱我。这就够了。

现在的我，也不见得有多好，容易情绪冲动，脾气来了甚至六亲不认，还很爱哭，而他从未对此说过什么，只是默默地选择了包容。我们在婚姻里走着走着，很容易就忘了自己的初心，忘了当初我们为什么会选择这个人。

在激情淡却后，我们开始抓着对方的那些缺点不放，将它们无限放大，希望对方能够改掉那些缺点，变得更完美。可是，这世间哪有什么完美之人？所谓的完美，不过都是我们的想象。换位思考一下，我们能轻松改掉自己的小毛病吗？

既然改变自己都很难，为什么还要求对方做出改变，试图去改造对方成为完美恋人呢？我们越是想改造对方，就越会陷入一种求而不得的死循环。我们会越来越看不惯对方，觉得对方一无是处，也会越来越忽视对方本身的优点。

朋友小雨最近总是嫌弃自己的老公不会赚钱，也没有什么理想，像一条"躺平的咸鱼"。工作上一直没有什么进展，也不见他有多着急。每天回家该看电视看电视，该睡觉睡觉。每次小雨说他，希望他能上进一点，他还很不耐烦。

其实，小雨的老公一直都是这样，事业心不是很强，但是很顾家，家务活基本都是他包了，而且他对小雨体贴入微，照顾得很周到。当初，小雨也是被他这点所吸引，觉得他是个暖男，对自己真的很好。

如今，走入婚姻后，小雨对现在的生活不满意，看着别人的老公很能赚钱，就开始嫌弃自己的老公没用，以前的优点现在也变成了不思进取的缺点。于是，小雨想改造自己的老公，经常把他跟别人比，刺激他，希望他能努力一点，为更好的生活不断奋斗。

可是，她忘了，一个人的本性是很难改变的，她老公从骨子里就对物质生活没有太多欲望，是比较"佛系"的性格，突然想让他变成雄心勃勃的男人，又怎么能做到呢？一个人只有对某样东西有着强烈的欲望，有着很强的内驱力，才会去努力争取。

在想改变对方的时候，我们不妨多看看对方身上的闪光点，放大那些优点，不断鼓励对方才是我们最需要去做的。

关于这点，王先生做得很好，这么多年来，他一直鼓励我发展自己的天赋优势，做自己喜欢的事。他从始至终一直相信我有无限的潜力，从大学时就说我很聪明，头脑灵活，反应快，学什么都是一学就会，还很认真专注，只要找对方向，坚持下去，一定可以很棒。

我自己都没发现的优点，都被他看在眼里，他总是时不时指引着我往正确的方向走。无论我作什么决定，只要是我真正想去做的，他都会无条件地支持。他说只要是我想好了就去做，没有什么大不了的。正是他一路的支持和鼓励才让我走上了写作这条路，遇见了更好的自己，离期待中的自己越来越近。

当我们不断放大对方优点的时候，我们也会更懂得欣赏对方，会越来越爱对方。同时，对方因为我们的不断鼓励，也会越来越自信，激发自己的内在潜力，努力成为更好的自己。

除了放大对方的优点外，我们还可以试着去改变自己。毕竟，改变自己比改变别人更容易。除了自己，我们无法改变任何人。很多时候，我们想要改变对方的部分，恰恰是我们自身缺失的部分。

比如，小雨想要让自己的老公变得更努力一些，其实她自己也不够努力，但她觉得努力奋斗才是对的。所以，我告诉她，你想要让生活变得更好，完全可以靠自己去努力，而不是把自己对生活的期望强加给别人，每个人都有选择自己想要的生活的权利。尽管他是你的另一半，但也没有义务为你的期望努力。

后来，小雨不再想着去改造老公，开始想办法提升自己，她一直以来喜欢读书写作，也想靠写作为自己开辟一条副业之路，于是跟着我学习新媒体写作。

好在她肯静下心学习，悟性也不错，学习了几个月就开始在一些公众号投稿，获得一些稿费，尝到了写作的甜头，一发而不可收拾。只要有空了，她就投入阅读写作中，写作水平也越来越好，每个月会有稳定的约稿和稿费，总算让生活有了新的转机。

当她忙于做自己喜欢的事时，自然也就没空盯着老公了。这时，她的老公反而悄悄地发生了一些变化。他看小雨这么努力，也很心疼她，自己也不好意思总是闲着，在工作之余，报考了注册会计师。当小雨在埋头写作时，他也跟着备考，竟然考上了，工作也因此有了新的进展。

所以，你看，当小雨总是想要改造老公时，反而适得其反。因为每个人都不想被别人控制，尤其是男人，如果你一味地逼他努力，他反而会产生逆反心理，觉得自己的权威被挑战，就更不想按照你的期待努力，还会离你越来越远。

当小雨努力去改变自己时，她老公也跟着有了变化。她老公其实是爱她的，看她这么辛苦努力，自然会心疼，自己也会做出一些努力。这种改变的动力虽然不是来自对自我成长的需求，却来自对小雨的爱，这也是一种很强的内驱力，为了心爱的人，愿意成为更好的自己。

亲密关系就像一种能量的交流，你的一举一动都会对伴侣产生无形的影响，你们的能量是彼此相互影响的。所以，当你的内心做出重大改变时，你的伴侣也会接收到你的能量，随之发生很大的转变。

心理自助大师韦恩·W.戴亚博士曾说："当你改变看待事物的方式时，你所看待的事物也会改变。"当你想要去改变伴侣时，不妨先试着去改变自己，或许一切也会跟着悄悄发生变化，你想要的一切都会与你不期而遇。

你会爱上谁，早已命中注定

很多人在恋爱时可能会发现，自己总是倾向于爱上某一类型的人，或者总是陷入相似的亲密关系模式中。比如，有些女人总是会爱上控制欲很强的男人，尽管觉得被控制是一件让自己很不舒服的事，可是就算结束了这段关系，下一段关系依旧找了一个控制欲强的男人；有些女人很喜欢大叔，总是抵抗不了成熟大叔的魅力；有些女人总是被出轨，明明想找一个靠谱的男人，可总是走向被出轨的结局。这种感觉就好像是，冥冥之中你会爱上谁就像命中注定一样，似乎是一种逃不开的宿命，总在不断重复着。

我的一个朋友周红谈过三次恋爱，每次都是因为男友控制欲太强，她最终受不了而选择了分手。可是下次再谈恋爱，她依旧容易被霸道的男人吸引，好像对这类男人上瘾。

包括她现在的老公，也是控制欲很强的人，她经常跟我吐槽她老公总是喜欢管着她，为此，我们进行了一次深聊。

从和她的聊天中，我了解到她的爸爸实际上就是一个控制欲很强的男人。以前，她的爸爸在家就是一家之主，妈妈则没什么地位。她爸就像一个独裁者，希望她妈和她什么都听他的。

如果她们哪里做得不好，爸爸就会发脾气骂她们。比如，爸爸规定在餐桌上吃饭不能说话，只能专心吃饭，只要她说话就会被骂。妈妈要是饭做晚了，爸爸下班回来没饭吃，也会发脾气。

除了这些生活琐事，她爸爸也喜欢控制她的人生选择，包括高中选择文理科，大学选专业，都是她爸爸决定的，她根本没有选择权。她一直有点怕爸爸，对他敬而远之，可心里又特别渴望爸爸能看到她的需求，尊重她的选择。这些原生家庭的经历也就解释了她为什么总是被霸道的男人吸引，总是遇到控制欲强的另一半，这实际上就是一种"强迫性重复"的心理现象。

强迫性重复是弗洛伊德提出的一种心理现象，指的是个体强迫性地、固执地不断重复某些看似毫无意义的活动，或者创伤性的事件或情境，包括不断制造类似事件，反复把自己置身于类似创伤处境，让自己不断地重温某些痛苦的体验。

弗洛伊德在1920年发表的论文《超越快乐原则》中提出了强迫性重复这个概念。他在一个两岁孩子的游戏中发现，当母亲走开时，孩子会把他最喜欢的玩具从小床上扔出去，又会哭闹着把玩具捡回来。过了一段时间，他又将玩具扔出去，如此反复多次，看起来像是在玩一个好玩的游戏。

弗洛伊德对这个行为产生了好奇，他认为游戏是遵循快乐原则的，为什么孩子要制造这样与快乐相悖的情境呢？他经过分析认为，实际上这是一种充满"掌控感"的游戏，因为孩子无法不让母亲离开，就把玩具当成了母亲的替代品，通过不断扔出去、捡回来的重复行为，来模仿母亲离去和回来的过程。

丢掉玩具再捡回来的这个过程是孩子可以掌控的。孩子复制出一个包含"离去"的类似场景，在这个新的场景中，孩子得以掌控事态的发展。

我们在寻找伴侣时，总是会寻找那些与我们的异性父母相似的人，因为这是我们人生最初的关系模板。当然，也可能会找一个与他们完全不同的人，但是经年累月，我们会发现，对方跟自己的异性父母越来越像。

比如，一个从小经常目睹父亲家暴的女孩也许会暗暗发誓，长大后一定要找一个温柔体贴的老公，绝对不能有家暴发生。她终于如愿以偿，找到了一位脾气特别好的老公，从不与她发生争吵。不过，可悲的是，结婚五年后，老公对她动了手，家暴在她身上重新上演。

一个女生在经历了父亲出轨后会觉得男人都是不值得信任的，带着这种信念恋爱，她也遭遇了背叛。一个从小在父母争吵的家庭中长大的人，虽然无比讨厌争吵，但却控制不住总和伴侣发生无休止的争吵。如此种种，就像中了魔咒，一个人越是想极力摆脱，却又容易陷入这种重复的创伤性情境。

我们后天形成的行为模式、关系模式以及对自我的认识都来自早年与重要养育者之间的客体关系。换句话说，我们曾经是怎样被父母对待的，会被我们在生理与心理层面全盘吸收，在成年后，我们会不自觉地采用早年习得的自动化反应模式，下意识地引导别人用同样的方式对待我们。

很多人总是被某种类型的人吸引，这背后藏着的是某种熟悉感，就像遇到家人的感觉，这让他们难以分清什么是他们真正想要的，什么又是他们儿时的记忆。"熟悉"与是否喜爱或舒服无关，那种熟悉的模式既可能是他们喜爱的，也可能是他们想要逃开的。

这种现象，被很多心理学家解释为"熟悉带来的舒适感"。也就是说，我们感到自己被对方吸引是因为从对方身上捕捉到和自己成长背景中重要关系模式的相似点，这种熟悉感在不知不觉中引领两人越走越近。

他们不可抗拒地被那些人的一些特质吸引着，即使那些特质曾出现在他们父母的身上，并对他们的童年造成了伤害。但他们依旧会下意识地重复早年与父母之间的关系模式，这并不是说他们想要再次受到伤害，而是他们想要掌控自己童年时无法掌控的情境，让自己能够有机会去改变那个令人厌恶、痛恨的父母。在熟悉的场景中用自己熟悉的模式去应对问题，会让人更有安全感和掌控感。

在弗洛伊德看来，这些行为都和孩子不断"扔玩具"的重复一样，是一种想要"掌控"过去创伤的努力，是一种"重写历史"的努力。只不过长大以后，比起玩具，我们更多会选择新的人来重构类似的情境。

但在临床经验中，学者们发现，尽管弗洛伊德认为人们重复的目的是重获掌控，但现实中，人们几乎无法如愿。强迫性重复导致了更多的受难，有时是受害者自己的受难，有时是身边人的受难。

就像周红，总是会和霸道的男人在一起，是因为她在潜意识里想改变那个控制欲强的父亲。她把这种期望转移到了另一半身上，总是无意识地制造与过去相似的情境，企图通过改变伴侣来达到改变父亲的目的。但这只能让她一次次陷入重复的关系模式中，重复过去痛苦的体验。她要做的不应该是总想着改变父亲，而是要改变自己的行为模式，重新建立新的亲密关系相处模式。

世界知名心理创伤治疗大师巴塞尔·范德考克把这种现象称为"对创伤的成瘾"。他认为，当他们不将自己置于重现创伤的活动中时，就会有一种模糊的恐惧、空虚、无聊和焦虑感。他多年研究对创伤的强迫性重复行为，提出了针对强迫性重复的治疗思路与建议如下。

强迫性重复是一种无意识的过程，尽管这个过程会给个体提供一种暂时的掌控感甚至愉悦感，但最终它会带来持久的无助感与失控感，还会让个体主观上感到"自己是有问题的"。比如，个体认为，"我一定有什么问题，才会让这样的不幸一再发生在我身上"。而对强迫性重复的治疗目标则是让个体重新获得对当下生活的控制力，停止重复创伤的行为、情绪以及身心反应。

1. 回到创伤的源头，承认它们

巴塞尔认为，强迫性重复中有一种类似成瘾的特质——我们无法摆脱明知道对自己有害的人和事。他指出，是潜意识对于最初痛苦感受的否认和回避带来了无意识的行为上的重复——痛苦不会消失，如果我们不去承认它们，它们就会从我们的行为中渗透出来。

所以，要想摆脱这些具有成瘾特质的行为，关键是去承认痛苦。经历过创伤的人需要了解、体会自己所经历的创伤，描述自己当时的感受，并不等于创伤重来。当我们通过描述过去的创伤，把创伤定位到某一个特定的时间和地点，就能够把此刻的压力和过去的创伤区分开来。

这就是巴塞尔说的，通过对当时事件的描述和讨论，我们对此时不由自主的重复行为产生了意识层面的控制。然而，尽管描述当时的创伤事件是治疗强迫性重复过程中不可避免的部分，但贸然回忆、谈论过去有可能激发二次创伤。因此，在揭开过去创伤的根源之前，我们需要对目前症状有一定程度的控制。

2. 建立安全信任的关系

巴塞尔提出，强迫性重复的病因和治疗，从根本上说都是基于人们在人际关系中感受到的依恋安全程度。因为经历过不安全的依恋，所以我们变得过度敏感和紧张，容易采取撤退和攻击的方式来过度应对人际关系中的一些信号。当个体采用了自己在最初创伤事件中习得的行为方式来面对当下的处境，很多时候就复刻出了当初的结果。

要想修复过去的创伤，我们必须和另外一个人建立起安全、紧密的连接。一个安全依恋对象的存在能够给我们提供必要的安全感，我们才会敢于去探索自己的生命经历，打破内心的自我隔绝。正是这种隔绝把之前的我们困在重复的模式里，我们无法接受更多新经验去发展出新的、更健康的人格，从而把自己困在了过去。

在建立起这样的安全依恋关系后，我们才能够逐渐地迈入新生活，用新的视角观察身边的人和事，在这个过程中学习和尝试使用新的行为模式，带来新的关系模式。有了这段关系作为安全感的底线，我们能够探索过去和现在到底发生了什么，认识创伤的源头，安全的依恋关系是人们回到创伤源头的前提。

有些人很幸运地遇到了这样一个让自己信任的伴侣，无限包容自己，在生活中完成了自然的治愈和成长。可没那么幸运的人，如果想要走出创伤，可能需要寻求专业的心理咨询师。一段安全的咨询关系也能帮助人们降低创伤的影响，减少各种强迫性重复的行为。

3. 建立新的认知，改写过去的故事

心理学家埃里克森认为，过去只是意味着过去的知识而已，而且

大部分事已经想不全了。我们今天去讲过去，讲的是对过去的记忆，并不是真的过去，而且我们会以现在的自我贬低的方式去重构过去。

比如，你现在觉得人生不顺心、不够好，就会由这个立场解释过去的很多体验，将它们都解释为不太好，如果你改变了现在的自我判定，那么你的过去也会发生改变。过去是很有价值的资源，如果我们现在有新的知识或者自我欣赏的立场，那这些体验就会造就对未来的无限可能性的指引。

所以，我们需要对过去的经历建立新的认知，去改写过去的故事。叙事疗法认为，每个人的行为背后都是有故事的，而故事似乎也是一种认知。当我们讲述自己生命故事的方法发生改变的时候，我们的人生也会改变。故事的讲法有好有坏，好的讲法有助于我们按照自己想要的方式去生活。

不要一味地觉得过去决定着现在和未来，其实现在也可以影响过去和未来。正是我们现在对于自我的定位，影响着我们对过去的解释和对未来的规划，这个自我定位在某种程度上是一种由当前的缺失所产生的体验。我们在改变认知的同时，其实也就是在改变我们的生活世界。

我们以什么样的方式和这个世界产生关联，实际上并非只由这个世界决定的，也由我们的成长史和此刻的意向性决定。

例如，你此刻重新塑造你跟伴侣的关系会让你们的关系变成另外一种关系，你此刻的调整就意味着一种新的关系的产生。叙事疗法中改写过去的故事的方法能产生这样的效果。我们需要意识到，自己已经有能力重新书写出一个不一样的故事。

朋友周红意识到了自己的问题，也学着去改变自己的行为模式。比如，她每次出门前会跟老公说一下自己去哪儿，大概几点回来，也不会刻意不接电话。这样一来，她老公反而不再打电话追问，还经常到点接她回家。

　　她突然觉得，原来老公其实一直很在乎自己，体贴自己，只是过去的她总是陷入强迫性重复的行为，忽略了老公的好，把他对自己的关心也看成了控制。如今，她的强迫性重复模式已经一点点在松动了。

当我们带着自我觉察去经历强迫性重复时，新的体验会产生，然后一点点覆盖旧的体验，获得新的成长，也就能慢慢打破强迫性重复的行为，进入全新的亲密关系模式，夫妻两人的沟通模式也会因此而发生改变。

亲密关系，就是你与自己的关系

亲密关系，就像一面镜子，能够让我们看到自己。很多亲密关系中出现的问题，其实反映出了我们自身存在的一些问题。所以说，亲密关系有时就是你与自己的关系。如果你没有处理好与自己的关系，很多问题都会暴露在亲密关系中。

我和王先生的婚姻对于我来说，也是一个不断认识自己、自我成长的过程。我们在日常相处中，也出现过很多次矛盾和冲突，也吵过很多次架。我有时在吵架后也会陷入自我怀疑："我是不是不配被人爱？我们真的合适吗？"每一次吵架，都会暴露我们彼此之间存在的一些问题，尤其是我对于自己的问题看得越来越清楚。

一直以来，我都是一个情绪不稳定的人。但我对不太亲近的人不会随意发脾气，只会对亲近的人暴露情绪。和王先生恋爱后，我的情绪问题就开始逐渐暴露出来，我可能会因为一点小事不顺心就脾气暴躁，说话音量开始提高。有时甚至不给王先生开口的机会，就噼里啪啦地像机关枪一样将他说一顿，让他毫无招架之力。

他通常会选择跟我讲道理，但他越是讲道理，我就越生气，一点儿都不想听他讲那些大道理。我会觉得，什么道理我不懂，还需要你来教育我？明显就是看不起我。听他讲道理，我要么用吼叫盖过他说话的声音，要么就选择逃跑，远离他。

　　要说具体我们会因为什么事吵架，其实现在想想，也都不是什么原则性的大事。比如，他在外面和同事吃饭，晚上十一点了还没回家，我给他打电话又没人接，我就开始有脾气了。我会想，都是有家的人，和同事吃饭还这么没分寸，这么晚还不知道回家，一点责任心都没有。如果他回家后，刚好喝得有点醉了，倒头就睡，我就更火大了，非得拉他起来，让他说清楚怎么这么晚才回家。这么大的人，喝酒还能把自己喝醉，非喝不可吗？

　　这个时候，他已经很困了，无法和我正常交流。我看他这样越想越来气，可能就会大声斥责他。如此种种，只要他做某件事不在我能接受的范围内，我就会非常愤怒。

　　还有一种情况，我也会很容易发火，就是当我发现他开始有说我缺点的苗头时，我会立马条件反射似的，大声制止他继续说下去。我听不得他说我不好，比如他有时说我自私、以自我为中心、太情绪化、控制欲强。我都会马上否认，并且提高音量，说他就是在胡说八道。我会想，我这么有爱心、有同理心的人，怎么会自私呢？我会觉得很受伤。为了避免触及内心更深层次的痛苦，我会用愤怒去掩盖某些事实。

　　但实际上，他说的这些问题，确实都是存在的。只是之前我一直在试图掩饰自己的问题，不肯承认罢了，我有点害怕面对自己真实、脆弱的一面。

根据荣格的理论，当我们认为世界就是我们所见的样子时，我们就会无知地推测人们就是我们想象的那个样子，所有我们无意识的念头都不断地投射到我们的周围。弗洛伊德认为，投射是关于在他人身上看到我们个人的缺点和难以承认的欲望。由于我们内在和外在的世界是紧紧相连的，所以不管是好的还是不好的，我们外在的世界会完全反映出我们内在的投射。

回到我和王先生的问题上，王先生说我的那些缺点，其实都能从我爸身上看到。在我很小的时候，我爸控制欲比较强，希望我按照他的期待去做事，最好能够乖乖听话，做个乖乖女，不要让他操心。他也特别看重我的学习成绩，要是我哪次成绩考得不好，他就不给我好脸色看，认为我不够努力，学习时三心二意。

我要是看电视，他就一直盯着我，让我不要看，要好好学习，我要是不听他的，他就会斥责我不知道心疼父母，说他们那么辛苦工作，就是希望我能好好读书，将来有出息。好像只要我有任何一点不符合他期待的行为都会让他恼火，让我觉得自己不再是个好孩子。

我爸在处理我的问题时，很难心平气和地好好说话。他认为他就是权威，我只需要听他的就好，他习惯用怒骂去解决问题，用愤怒去震慑我，让我不敢跟他争论。于是，我尽可能学会懂事，按照他的期待去成长。

但这实际上压抑了我的内在性格，也让我的真实自我被隐藏起来，总是以虚假自我示人。当我和王先生相恋后，出于对他的信任，会不自觉地暴露真实自我的部分，那些被我隐藏起来的部分开始慢慢浮出水面。

　　我也学会了我爸应对问题的方式，潜意识里觉得怒骂能解决一切问题，好像谁说话更大声，谁就有理。我接受不了王先生对我的负面评价，因为这会让我想起小时候我爸否定我的伤痛记忆。

　　我想要控制王先生，因为我讨厌失控的感觉。小时候，我总被我爸控制，现在我想成为控制方，想把一切都掌控在手里。我很不想成为我爸的样子，但无形中我却还是活成了那个样子。所谓越是逃避什么，就越是在意什么。

　　自从深入学习心理学后，我开始慢慢觉察到自己的这些问题。了解到我和王先生的很多次争吵背后，实际上是我的问题没有解决，和自己的关系没有处理好。

每当我们产生冲突，我们的伴侣就像一面镜子，反映出我们内心的矛盾和冲突。每个人都有一些未解的心结，它来自我们的原生家庭和投射中的限制观念，这些事常常会触发我们的争吵或逃避行为。但我们总是把那些未解的心结隐藏在某种屏障之下，因为我们希望世界能够认同自己，所以只把自己好的部分展示出来，否认身上的其他部分，我们向世界展示出来的被心理学家称为虚假自我。

　　我们向别人展示出来的只有虚假自我中能被接受的部分，而那些与我们亲近的人，比如我们的伴侣则很有可能看到那些与我们理想自我不相符的部分。

　　当伴侣辨认出我们身上那些不好的部分时，我们通常会为自己辩护："我不是这样的"，试图保护自己。但我们就是这样的，我们否认自己身上那些从原生家庭带出来的部分，我们需要承认并整合自己的各个方面，尤其是藏在我们虚假自我阴影中的部分。这样一来，我们就可以逐渐解开心结，从而变得完整，发展成更好的自己，与伴侣建立稳定的关系。

当王先生说我控制欲强、情绪化时，我会变得急于防御，用很多理由为自己辩解，进行反击。对我而言，情绪化、控制欲强是很不好的，我就急于去否认它。

但我现在意识到了，我必须去承认它们是真实自我的一部分，我不需要成为一个完美的人。我要做的是承认自己做得不对，而不是一味否认。

于是，我表现出真实的自己，变得更加表里如一。当我开始暴露自己的问题时，我会觉察自己，并告诉王先生我现在的问题，请他帮助我一起克服。当我的问题暴露时，我希望他能及时指出来，督促我去改变。当我真正接纳了真实的自我，就不会对王先生的负面评价那么在意，因为那就是我的一部分，我也就渐渐能改变自己。

心理学家杰夫·艾伦的《亲密关系的秘密》一书中写道："当你发现自己因为伴侣对你的恶劣言行感到难受时，不妨提醒自己，这说明其中有一些课题需要你去学习，你甚至还要在心里感谢他们为你带出这些课题，好让你最终得以化解并且穿越它们。你要放下对他人的评判，同时也要放下对自己的评判，不然，那些隐藏的自我批判总会让我们的生命退缩不前。"

我们与伴侣吵架的问题符合80/20法则，也就是80%的问题与过去有关，只有 20% 的问题与现在有关。所以，了解哪些问题与过去相关，努力去解决自己的问题，才能避免重复的问题不断出现，促进自我成长。你可以尝试以下几种方法。

1. 觉察虚假自我中被隐藏的部分

在咨询师朱迪斯·莱特和鲍勃·莱特所写的《如何正确吵架》这本书中，作者给出了一个具体方法。你不再需要保护自己的虚假自我，因此，你可以列出你一直以来最想隐藏的那些部分。你可以按照从自己最能接受到最不能接受的顺序，排列以下五种基本情绪：快乐、悲伤、愤怒、受伤、恐惧。

你最不能接受的那项适合作为切入点，帮你寻找那些被虚假自我遮蔽的部分，这些部分也被称为"被否认的自我"或"影子自我"。想想你隐藏起来或试图弱化的部分，如挑剔、敏感、强势、软弱、情绪化、胆小、刻薄。

你觉得这些特征是不好的，如果你表现出它们，那么你就不是个好人，因此你会隐藏、弱化或否认它们。我们过去多么努力地否认它们，现在就需要多么努力去改善它们。只有勇敢地去面对它们、解决它们，处理好与自己的关系，我们的亲密关系才能越来越好。

2. 毫无保留地与伴侣沟通，敢于暴露真实的自我

当你们的争吵激起了你的负面感受和隐藏在表象背后的未解的心结，你需要与伴侣分享它们。分享你内心的矛盾、不安和尴尬的部分，分享过去不愿承认的愤怒和恐惧，分享童年的往事和记忆，分享你的秘密和不想任何人看到的种种自我。放下你的戒备心和防御机制，展示你的脆弱面和真实的自我。

如果你在争吵中表现得不负责任，请承认；如果你感到生气，就实话实说；如果你感觉受到了伤害，就坦诚地倾诉出来；如果你感到害怕，也请勇敢坦白。搞清楚争吵背后的问题并与伴侣分享，可能是亲密关系中最重要的任务之一，也是积极争吵的一种方式。

你将不会害怕争吵，不再把争吵看作一个问题，而是慢慢学会挖掘自己潜意识层面的问题，对彼此的了解更深入，变得更有同理心。把每一次争吵都当作暴露彼此问题的契机，打破虚假自我，走向真实自我，争吵也就成了一扇通往自我认识、自我成长和彼此深入连接的大门。

3. 寻求伴侣的帮助，让他更好地督促你

你和伴侣本来就是成长共同体，你们可以互相帮助，促进彼此成长。比如，我会在和王先生争吵后，把自己暴露的问题写在一张张卡片上，一方面是总结复盘分析自己的问题，另一方面也是为了防止下次出现类似问题。在我控制不住自己的情绪时，希望王先生能够拿出这张卡片给我看，提醒我，我的防御机制又开始启动了，这样我便能马上意识到自己当下的情绪问题。

因为人的自控力是有限的，有时候我们很难控制自己的情绪，意识不到自己的问题。这时，如果伴侣能够助我们一臂之力，我们就能够成长得更快。永远不要忘记，你不是一个人在成长，你的伴侣也在和你一起成长，两个人一起成长的能量会比一个人的能量大得多。相信你的伴侣也很乐意参与你的成长过程，毕竟如果你成长得更好，他也是受益者，你们的亲密关系也会随之改善。

总而言之，当你们的亲密关系出现问题，经常陷入争吵时，不要逃避，不要互相指责，不要想着换一个伴侣就能解决问题。很多时候，这些问题背后浮现出的都是你与自己关系的问题，如果你不能很好地

处理好与自己的关系，换一个伴侣，结局也是一样。只有从根源上解决问题，才能避免问题总是反复出现。

　　每个人都需要在亲密关系中不断成长，没有一劳永逸的关系，亲密关系进化的过程本质上也是夫妻双方共修的过程。当你们修炼成更完整的自己，亲密关系也会随之越来越好。

参考文献

［美］阿米尔·莱文，蕾切尔·赫尔勒著：《关系的重建》，李昀烨译，台海出版社 2018 年版。

［美］爱德华·伯克利，梅利莎·伯克利著：《动机心理学》，郭书彩译，人民邮电出版社 2021 年版。

［美］盖瑞·查普曼著：《爱的五种语言》，王云良、陈曦译，江西人民出版社 2019 年版。

［英］杰夫·艾伦著：《亲密关系的秘密》，刘仁圣译，湖南文艺出版社 2021 年版。

刘若英著：《我敢在你怀里孤独》，上海人民出版社 2015 年版。

［美］罗宾·斯特恩著：《煤气灯效应》，刘彦译，中信出版集团 2020 年版。

［美］罗兰·米勒著：《亲密关系（第 6 版）》，王伟平译，人民邮电出版社 2021 年版。

［美］罗纳德·B.阿德勒著：《沟通的艺术》，黄素菲，李恩，王敏译，北京联合出版公司 2017 年版。

［法］玛丽·弗朗斯·伊里戈杨著：《冷暴力》，顾淑馨译，江西人民出版社 2018 年版。

［加］麦基卓，黄焕祥著：《懂得爱》，易之新译，中国法制出版社2019年版。

［美］纳撒尼尔·布兰登著：《罗曼蒂克心理学》，孙尚奇译，文汇出版社2003年版。

［德］西尔维亚·洛肯著：《内向心理学》，王荣辉译，北京日报出版社2019年版。

［美］小马克·B.博格，格兰特·H.布伦纳，丹尼尔·贝里著：《假性亲密：貌合神离的关系，何以得救？》，张磊译，华东师范大学出版社2020年版。

［美］亚历山德拉·H.所罗门：《一生的亲密关系：探索自我，勇敢去爱》，汪畅译，人民邮电出版社2021年版。

［美］约翰·戈特曼，娜恩·西尔弗著：《幸福的婚姻》，刘小敏译，浙江人民出版社2014年版。

［美］朱迪斯·莱特，鲍勃·莱特著：《如何正确吵架》，钟辰丽译，中国华侨出版社2019年版。

［美］约翰·戈特曼，娜恩·西尔弗著：《爱的博弈》，穆君，伏维译，浙江人民出版社2014年版。

Barroso, A., Parker, K., & Bennett, J., As millennials near 40, they're approaching family life differently than previous generations. Pew Research Center, 2020.

Lauer, J., & Lauer, R., Marriages made to last. *Psychology Today*, 1985, pp.22–26.

Lewandowski, Should my partner be my best friend? *Psychology Today*, 2020.

Davis, K. E., & Todd, M. J., *Assessing friendship: Prototypes, Paradigm Cases and Relationship Description*, 1985.

Susan Campbell, *A Couple's Journey*, San Luis Obispo, CA:Impact Publishers, 1980.

Wang, W., & Taylor, P., For millenials, parenthood trumps marriage. Pew Research Center, Social & Demographic Trends, 2011.

附录：写给在亲密关系中渴望被看见的你

大家好，我是舒丽，一个百万心理大号的主编，一个深耕亲密关系 12 年的作者。我和我的另一半从校园恋情走入婚姻，相爱 12 年。我们走过些弯路，也积攒了些心得，我想把这些送给亲爱的你。

1. 每一次争吵背后，都藏着一个未被满足的需求。

2. 我们总是以自己的方式爱着对方，却不是以对方需要的方式爱他。你爱得辛苦，他也会很累。

3. 最好的亲密关系，是你给他的，他正好需要。你们都在这段关系中，活出了最舒展的自己。

4. 不要渴望对方有"读心术"，你不说，他就不会懂。

5. 经营亲密关系也是一条终身成长之路，需要我们不断修炼自己。

6. 每个人都需要在亲密关系中不断成长，没有一劳永逸的关系，亲密关系进化的过程，本质上也是伴侣双方共修的过程。

7. 亲密关系到最后，都是你与自己的关系。无论是好的关系还是坏的关系，都能让我们实现自我成长。

8. 人性这个东西，只有了解透了，才能看清很多事。

9. 婚姻是人性最本质的反映，把这个东西研究透彻了，很多事就见怪不怪。

10. 很多人终其一生，也不过是渴望能与一个可以"看见"自己的人相伴一生。如此，那些受过的委屈、经历过的痛苦、流过的泪，都会在被"看见"的那一刻彻底释怀。

11. 在婚姻中，如果你对伴侣期待太多，很容易让自己陷入无穷的期待，看不到伴侣当下所做的一切。你的注意力都集中在对他的各种期待上，从而忽略了伴侣已有的优点，如果你总是带着挑剔的眼光去看他，就会越看越不顺眼。

12. 当你不再总是想着改造对方，懂得尊重彼此的差异性，积极分享自己的感受，你们就会渐渐走出权力争夺期，亲密关系会走上一个新台阶。

13. 每个人都有自己的缺点，也会有自己的个性，既然你选择他作为另一半，不只是和他的优点在一起，也是和他的缺点在一起。他是一个完整的人，不是一个完美的人。你只有学会欣赏他的优点，包容他的缺点，才能真正看见他，让爱意在你们之间流动。

14. 只要在长期的相处中，一直让关系处于"一方不分享、另一方不过问"的状态，即使肢体上依然同床共枕，心灵上都无法真正看见彼此的世界。

15. 只有保持恰到好处的距离，拥有浓而不腻的亲密，你们的婚姻才能做到久处不厌。

16. 世上没有一个修炼比得上我们在亲密关系中的修行。当我们致力于关系的力量，彼此之间产生亲密连接时，就会发现生命再次变得有趣刺激，不再是一潭死水。我们的伴侣可以成为我们获得乐趣与滋养的源泉，我们将享受真实亲密关系带给我们的幸福。

17. 内心的孤独，与另一个人并没有太大关系。简单点说，你不会因为一个人变得更加孤独，也不会因为一个人而不再孤独。孤独不以任何人的存在而被改变，只是自我内心状态的投射。一个人最好的伴侣不是别人，而是自己的心，懂得自我满足，才能建立健康的亲密关系。

18. 好的婚姻，一定有夫妻双方势均力敌地付出，只有相互付出，相互滋养，才能为爱搭建一座稳固的桥梁。爱不是单方面的付出，而是一场双向的流动，在爱的流动中，夫妻双方的能量才会越来越富足，婚姻也会越来越幸福。

19. 要相信，真正爱你的人一定会接纳你的一切，也会陪伴你成长。完美的人是不真实的，不完美才是真实。当你完全地呈现出自己脆弱无助的一面，他能体会到一种被需要感，并且给你提供情感上的依赖。不要害怕依赖，适度的依赖才能建立彼此之间的亲密感。

20. 接纳和展现真实的自己，才能拥有一段真实的亲密关系。在这段关系中，你应该是自由的、安全的。你既能展现自己快乐、积极、美好的一面，也能暴露自己脆弱、伤痛、阴暗的一面。

图书在版编目(CIP)数据

我想和你好好的：在沟通中改善亲密关系 / 舒丽著
. —北京：中国法制出版社，2023.2

ISBN 978-7-5216-3068-8

Ⅰ.①我… Ⅱ.①舒… Ⅲ.①婚姻-社会心理学 ②恋
爱心理学 Ⅳ.①C913.1

中国版本图书馆CIP数据核字（2022）第206159号

策划编辑/责任编辑：陈晓冉 　　　　　　　　封面设计：周黎明

我想和你好好的：在沟通中改善亲密关系
WO XIANG HE NI HAOHAODE：ZAI GOUTONG ZHONG GAISHAN QINMI GUANXI

著者 / 舒　丽
经销 / 新华书店
印刷 / 北京虎彩文化传播有限公司
开本 / 880毫米×1230毫米　32开 　　　　　印张 / 7.5　字数 / 173千
版次 / 2023年2月第1版 　　　　　　　　　　2023年2月第2次印刷

中国法制出版社出版
书号ISBN 978-7-5216-3068-8 　　　　　　　定价：45.00元

北京市西城区西便门西里甲16号西便门办公区
邮政编码：100053 　　　　　　　　　　　　传真：010-63141600
网址：http://www.zgfzs.com 　　　　　　　　编辑部电话：010-63141835
市场营销部电话：010-63141612 　　　　　　印务部电话：010-63141606
（如有印装质量问题，请与本社印务部联系。）